Le grand livre de la MIJOTEUSE

Broquet

97-B, Montée des Bouleaux,
Saint-Constant, PQ, Canada J5A 1A9,
Tél. : (450) 638-3338, Télécopieur : (450) 638-4338
Internet : http://www.broquet.qc.ca
Courriel : info@broquet.qc.ca

CATALOGAGE AVANT PUBLICATION DE BIBLIOTHÈQUE ET ARCHIVES CANADA

Le grand livre de la mijoteuse

Traduction de: The slow cooker bible..

Comprend un index.

ISBN 978-2-89000-924-0

1. Cuisson lente à l'électricité. 2. Mets en casserole. 3. Plats uniques. I. Roby, Jean.

TX827.S5614 2008   641.5'884   C2007-941592-X

POUR L'AIDE À LA RÉALISATION DE SON PROGRAMME ÉDITORIAL, L'ÉDITEUR REMERCIE :
Le Gouvernement du Canada par l'entremise du Programme d'Aide au développement de l'industrie de l'édition (PADIÉ) ; La Société de développement des entreprises culturelles (SODEC) ; L'association pour l'exportation du livre canadien (AELC).
Le Gouvernement du Québec - Programme de crédit d'impôt pour l'édition de livres - Gestion SODEC.

Titre original : *The Slow Cooker Bible*
Copyright © 2005 Publications International, Ltd.

Pour le Québec :
Copyright © Ottawa 2008 Broquet Inc.
Dépôt légal - Bibliothèque et Archives nationales du Québec
1er trimestre 2008

Traduction : Jean Roby
Révision : Marcel Broquet, Andrée Laprise
Direction artistique : Brigit Levesque
Infographie : Émilie Rainville, Josée Fortin

ISBN : 978-2-89000-924-0

Certains produits mentionnés dans ce livre peuvent faire l'objet d'une distribution restreinte.

Illustrations de couverture (dans le sens des aiguilles en partant de la droite en haut) : Régal génial aux pêches (page 302), Poulet à la saucisse italienne (page 108), Poulet sucré au cari (page 142) et Soupe fiesta aux haricots noirs (page 220).

Illustrations au verso (dans le sens des aiguilles en partant du haut) : Sandwichs de Kielbasa mijotée (page 164), Génoise chaude aux petits fruits (page 280) et Dinde farcie aux pacanes et aux cerises (page 112).

Temps de préparation et de cuisson : les temps de préparation sont inspirés du temps approximatif nécessaire pour réaliser la recette avant la cuisson, la cuisson au four, la réfrigération ou le service. Ces temps incluent les étapes de préparation comme la mesure, la découpe et le mélange des ingrédients. Le fait que certaines préparations et cuissons peuvent être réalisées simultanément est pris en compte. La préparation d'ingrédients optionnels et les suggestions de présentation ne sont pas incluses dans les temps de préparation et de cuisson.

Contenu

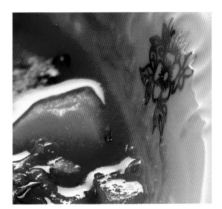

LES PLAISIRS
de la cuisson à la mijoteuse

La mijoteuse est l'un des électroménagers les plus populaires dans nos cuisines et, cela, pour d'excellentes raisons. En effet, quel autre appareil permet de préparer le repas du soir dès le matin, puis vous libère pour la journée loin de la cuisine? Et quand vous revenez à la maison, un savoureux repas vous attend. Vous pouvez aisément apporter un plat mijoté pour un repas à la bonne franquette et le garder au chaud pendant le service. Pour vos réceptions, comptez sur votre mijoteuse pour libérer un serpentin ou un brûleur de la cuisinière, voire une précieuse place dans le four, au bénéfice d'un autre plat au menu. En outre, le nettoyage est rapide et facile. Tout compte fait, ce n'est pas surprenant que l'on apprécie tant les mijoteuses en Amérique du Nord.

L'information des pages suivantes est destinée à ce que vous tiriez le maximum de votre mijoteuse. Vous apprendrez en quoi elle excelle et pourquoi. Vous découvrirez des techniques essentielles pour cuisiner des plats plus savoureux ou vous aider à créer des repas faibles en gras. Vous connaîtrez les astuces pour cuire le riz, les pâtes, le poisson et des aliments habituellement cuits au four comme les gâteaux et les pains. De plus, vous saurez comment préparer des aliments à la maison en toute sécurité – et même les transporter. Finalement, ce livre est farci de 200 succulentes recettes que votre famille adorera. Depuis les simples amuse-gueules et les copieux plats de viande jusqu'aux desserts en passant par les soupes chaudes et les chilis épicés, ce livre contient un merveilleux ensemble de recettes séduisantes et de précieuses informations.

N'attendez pas plus longtemps pour vous familiariser avec la cuisson à la mijoteuse. Bientôt, vous appliquerez votre nouveau savoir-faire à la préparation d'agréables repas familiaux chaque jour de la semaine.

L'abc de la cuisson à la mijoteuse

Un peu d'histoire

L'apparition de la mijoteuse: la première mijoteuse électrique est apparue en 1971. Il s'agissait d'une version plus polyvalente de la mijoteuse à fèves au lard. Disponible en un seul format de près de 3 litres (2 ½ pintes), son apparence et son fonctionnement étaient similaires aux modèles actuels.

Durant les années 1960, les femmes américaines entraient sur le marché du travail en très grand nombre; pour la première fois, les cuisinières de la famille s'absentaient de la maison plusieurs jours par semaine. Il devint urgent de trouver le moyen de servir rapidement le repas en rentrant du travail. Le fabricant de la première mijoteuse identifia le besoin et y répondit avec un appareil qui, surprise, ne préparait pas le dîner rapidement, mais le cuisait lentement tandis que la cuisinière poursuivait sa carrière. Quand la crise énergétique éclata peu de temps après, les ventes montèrent en flèche. La mijoteuse économe d'énergie était devenue un succès.

La renaissance de la mijoteuse: après avoir connu le succès, la mijoteuse perdit la faveur du public au profit d'autres solutions. Une gamme de repas surgelés ou préemballés devint disponible et les lieux de restauration rapide se multiplièrent. Malgré la baisse de popularité de la mijoteuse, des gens convaincus lui restèrent fidèles et s'en servaient régulièrement. Au milieu des années 1990, l'appareil amorça un lent retour en force, aidé par la parution de livres de recettes actuelles pour la mijoteuse. Avec ce regain de popularité, les mijoteuses apparurent dans un plus grand nombre de cuisines, de repas à la bonne franquette et de buffets. Les fabricants répondirent à la demande en offrant des variantes de l'appareil d'origine: un plus grand nombre de formats, de caractéristiques et de suggestions d'emploi.

La popularité: les mijoteuses restent populaires au 21e siècle pour plusieurs raisons. D'abord et avant tout, elles sont d'usage pratique et facile. Le concept est simple: une cuisson lente à une température assez élevée pour la sécurité alimentaire, mais assez basse pour dispenser le chef d'une longue période de surveillance. Les gens affairés apprécient les repas tout-en-un: ces repas exigent peu d'attention, le nettoyage est rapide et la nourriture ravit tout le monde.

Le fonctionnement d'une mijoteuse

Le concept de base: une mijoteuse se compose généralement d'un contenant de métal dans lequel s'insère une cocotte de céramique lourde. La cocotte est munie d'un couvercle transparent de verre ou de plastique. La plupart des cocottes sont amovibles pour en faciliter le nettoyage.

Il existe deux principaux genres de mijoteuses. Dans le type le plus courant, des serpentins entourent le contenant de métal et produisent une chaleur faible ou élevée selon le réglage. La faible intensité correspond à environ 95 °C (200 °F) et l'intensité élevée, à environ 150 °C (300 °F). Les aliments sont déposés dans le plat, couverts et cuits par le dégagement lent et continu de chaleur des serpentins. Les recettes de ce livre ont été créées avec ce genre de mijoteuse. Dans le deuxième genre, les serpentins sont disposés sous le plat et alternent temps de cuisson et temps de pause. Les recettes de ce livre n'ayant pas été testées dans ce genre de mijoteuse, il est conseillé de consulter le mode d'emploi du fabricant.

La cuisson à la mijoteuse produit de la vapeur. Toutefois, comme la mijoteuse est couverte durant toute la cuisson, la vapeur ne peut s'échapper. Elle se condense et le liquide réintègre la nourriture. Comme la quantité de liquide s'accroît durant la cuisson, il ne faut pas s'alarmer s'il y en a peu en début de cuisson.

Une mijoteuse consomme très peu d'énergie, ce qui rend son usage économique. En outre, comme elle ne réchauffe pas la cuisine, c'est un appareil idéal lors des chaudes journées d'été.

Ce qu'une mijoteuse fait de mieux : la mijoteuse est idéale pour les soupes, les ragoûts et les chilis, plats qui exigent une longue cuisson. La cuisson lente extrait et marie les saveurs de la viande ou de la volaille et des légumes. Une longue cuisson lente attendrit la viande. Il est sage de choisir des coupes de viande moins tendres : vous économiserez de l'argent, car les coupes plus coriaces sont souvent moins chères.

Les autres usages : la mijoteuse s'avère utile dans les réceptions. Si on s'en sert pour préparer un des plats au menu, l'appareil libère de l'espace sur la cuisinière ou dans le four. Le plat qui mijote vous laisse consacrer du temps à d'autres éléments du menu. Une mijoteuse sert aussi à garder au chaud les plats d'un buffet, qu'il s'agisse de cidre épicé, d'une trempette à l'artichaut ou d'un plat principal. Elle assurera le succès de votre réception.

Préparez votre plat favori à la mijoteuse et apportez-le pour un repas à la bonne franquette (des accessoires existent spécialement à cet effet). Les desserts, comme les plats de fruits, les poudings et les costardes, se préparent à la mijoteuse. Étonnamment, même des gâteaux peuvent cuire dans l'appareil. Vous découvrirez des gâteaux tendres, parce que cuits à la vapeur.

On peut les cuire directement dans la cocotte ou dans un moule spécial offert par le fabricant. Les gâteaux au pouding, gâteaux humides sur une couche de pouding, se font bien à la mijoteuse.

N'essayez pas ce qui suit à la maison : comme une mijoteuse fonctionne à basse température, on ne peut y faire sauter des aliments ou les frire. On ne peut non plus y cuire de grandes quantités de pâtes. On ne doit jamais réchauffer les restes dans la mijoteuse. Par sécurité, les restes doivent être réchauffés rapidement (pour plus d'informations, voir *Sécurité de la mijoteuse*, page 19).

Certaines cocottes électriques ne se limitent pas à la cuisson lente. Si vous cherchez une plus grande polyvalence – cuisson à la vapeur, ébullition, friture et cuisson lente –, voyez soit chez un détaillant qui offre de petits électroménagers ou encore sur Internet. Les serpentins de ces appareils sont installés au-dessous. Les recettes de ce livre n'ayant pas été testées dans ce type d'appareils, il est conseillé de consulter le mode d'emploi du fabricant.

Le choix d'une mijoteuse

Il importe de prévoir l'usage que vous prévoyez faire d'une mijoteuse avant de magasiner. Pour la cuisine quotidienne, optez pour un format convenant à la taille de votre famille (voir le tableau ci-dessous). Si vous prévoyez utiliser la mijoteuse surtout pour des réceptions, optez pour un grand format. Celui de 450 g (16 onces) est idéal pour garder au chaud les trempettes (ce modèle n'a qu'une intensité, faible). Si vous débutez dans la cuisson à la mijoteuse, considérez l'achat d'un appareil de base. On en trouve pour environ 20 $ dans les grandes surfaces. Plus tard, vous pourrez toujours passer à un plus grand format. Plusieurs estiment avantageux de posséder plus d'une mijoteuse.

Les formats : les mijoteuses de base sont offertes en formats qui varient de 1,7 litre à 7,4 litres (16 onces à 6½ pintes) ; leur forme est ronde ou ovale. Plus cou-

Format de mijoteuse	Nombre de portions
1,7 litre (1½ pinte)	1 à 2
2,8 litres (2½ pintes)	2 à 4
3,4 litres (3 pintes)	3 à 4
4 litres (3½ pintes)	3 à 5
4 ½ litres (4 pintes)	4 à 6
5,7 litres (5 pintes)	4 à 6
7,4 litres (6½ pintes)	6 à 8

rantes, les mijoteuses rondes sont généralement moins chères ; les appareils ovales accueillent plus facilement de grosses pièces de viande. Choisissez le format approprié en utilisant le tableau ci-dessus. La plupart des recettes de ce livre requièrent une mijoteuse d'une capacité de 2,8 à 4 litres (2½ à 3½ pintes).

Les caractéristiques : les caractéristiques disponibles de certaines mijoteuses incluent des réglages « garder-au-chaud », des minuteurs, des réglages de mise en marche à retardement ou rapides et des minuteurs à rebours. Il y a même un modèle qui offre des réglages pré-programmés pour une gamme de recettes spécifiques. Si vous cherchez plus de flexibilité que dans la plupart des mijoteuses, recherchez un appareil dont la cocotte a été prévue pour de très hautes températures ; elle peut aller sur la cuisinière et au four. Gardez en tête que plus un modèle à des caractéristiques particulières, plus son prix sera élevé.

Les extras : les accessoires d'une mijoteuse comprennent les transporteurs, les housses de protection, les supports à viande et les bacs de cuisson.

Techniques de cuisson à la mijoteuse

Si vous n'avez jamais utilisé une mijoteuse, les techniques suivantes faciliteront vos débuts et vous procureront une bonne compréhension du monde de la cuisson lente. Si vous êtes familier avec la cuisson à la mijoteuse, jetez un coup d'œil à la liste des techniques : vous y trouverez peut-être la solution à un problème déjà rencontré. Ou, mieux encore, vous pourriez y découvrir du neuf qui accroîtra votre expérience et fera de vous un expert.

Attendrir la viande : puisque la cuisson lente est un moyen efficace d'attendrir la viande, choisissez des coupes plus coriaces, car elles ont plus de saveur que les coupes maigres. Plusieurs recettes du chapitre « Copieux plats de viande » incluent des coupes tels la poitrine de bœuf, le rôti de palette, le bifteck de croupe, la viande à ragoût, les côtes levées de porc et l'épaule de porc. Toutefois, la sélection ne se limite pas à ces coupes ; vous y trouverez aussi certaine de vos coupes préférées, comme le bifteck de flanc, le bœuf haché, la saucisse et les côtelettes de porc.

Préparer la viande : il est préférable de dégraisser la viande et la volaille avant la cuisson, parce que le gras fondra et flottera à la surface, vous obligeant à le retirer en fin de cuisson. Vous pouvez faire dorer la viande à la poêle avant de la mettre dans la mijoteuse (voir : *Faire dorer la viande* ci-dessous).

Faire dorer la viande : bien que ce ne soit pas nécessaire, il est avantageux de faire dorer la viande. Vous avez probablement noté que saisir la viande ou la volaille sur le gril ou dans une poêle produit de merveilleux arômes et des saveurs spécifiques qui rendent les biftecks, les burgers et les côtelettes irrésistibles. La saveur de la viande dorée ajoutera une note complexe aux plats de bœuf, de porc et d'agneau mijotés. Faites toujours dorer la viande hachée et égouttez son gras avant de la mettre dans la mijoteuse. Faire dorer la viande lui confère aussi une agréable couleur.

Préparer la volaille : comme la peau du poulet a tendance à ratatiner et à friser dans la mijoteuse, la plupart des recettes font appel à du poulet sans peau. Si vous préférez garder la peau, faites dorer les morceaux à la poêle avant de les mettre dans la mijoteuse. Retirez le surplus de gras de la volaille avant de la cuire. Un poulet entier est trop gros pour être cuit à la mijoteuse en toute sécurité ; découpez-le toujours en morceaux ou en portions individuelles avant la cuisson.

Si vous préférez, achetez du poulet non paré, vous réaliserez des économies substantielles. Pour retirer la peau, saisissez-la à l'aide d'un essuie-tout et tirez vers vous.

Préparer les légumes : la cuisson des légumes, particulièrement les légumes-racines, peut être plus longue que celle de la viande. Coupez les légumes en morceaux uniformes afin qu'ils cuisent tous au même rythme. Les légumes-racines, comme les pommes de terre, les carottes et les navets, devraient être taillés en petits morceaux et placés au fond de la mijoteuse afin qu'ils soient toujours recouverts de liquide. Les légumes ne devraient pas être précuits. À l'occasion, une recette demandera de faire sauter des oignons et de l'ail, dans le but d'atténuer leur acidité. Ainsi, dans la Soupe française classique à l'oignon (page 194), les oignons sont sautés 15 minutes afin qu'ils développent une saveur caramélisée qui ajoutera une note très caractéristique au résultat final.

Les légumes au goût prononcé, comme le brocoli, le chou et le chou-fleur, devraient être ajoutés une heure ou deux avant la fin de la cuisson. Une cuisson courte évite que leur saveur ne domine le plat. Les légumes tendres et délicats, comme les épinards, les échalotes et les pois mange-tout, devraient aussi être ajoutés durant la dernière heure de cuisson afin d'éviter qu'ils ne soient trop cuits.

Les produits laitiers : une cuisson lente et longue (6 heures ou plus) peut faire cailler les produits laitiers ou en séparer les composants. Ajoutez le lait, la crème, la crème sure et le fromage durant les 15 à 30 dernières minutes de cuisson. Certains produits laitiers peuvent être utilisés avec succès pour une longue cuisson parce qu'ils ont déjà subi une transformation à haute température. Par exemple, le fromage fondu et le lait condensé peuvent être ajoutés sans problème au début de la cuisson. Les soupes condensées peuvent aussi supporter une longue cuisson.

Rehausser la saveur : quand des aliments cuisent longtemps, la saveur des herbes séchées et de certaines épices tend à s'altérer, produisant un mets fade. À mesure que la vapeur se condense dans la mijoteuse et que le liquide augmente dans la cocotte, les saveurs sont diluées. (Pour sa part, la cuisson conventionnelle cause l'évaporation des liquides et l'assaisonnement tend à se corser si le plat cuit longtemps.) Pour corriger ce problème, goûtez toujours au plat 30 minutes avant la fin de la cuisson et ajoutez des herbes et des épices au besoin.

Par contre, certaines épices et l'ail gagnent en saveur. Les meilleurs exemples sont les chilis, la poudre de chili et le poivre, qui peuvent se révéler très âcres et très piquants à la suite d'une longue cuisson. Si vous ou l'un des membres de la famille êtes incommodés par la forte saveur des chilis et des épices, utilisez-en moins qu'il est indiqué dans la recette ou attendez les 30 dernières minutes pour les ajouter.

Comme les herbes fraîches gagnent en saveur durant une longue cuisson, elles s'avèrent un choix approprié pour la cuisson à la mijoteuse.

Améliorer la couleur : une longue cuisson peut altérer la couleur vive des légumes. Une fois cuits, les plats peuvent paraître délavés. Pour éviter ce problème, ajoutez les légumes tendres en fin de cuisson. Garnir le plat juste avant de le servir constitue une autre solution. Pour ajouter une touche particulière,

choisissez parmi ces garnitures colorées : les échalotes, les herbes ou les tomates fraîches hachées, le fromage râpé, des tranches de citron ou de lime, ou du bacon croustillant émietté. La crème sure, les noix grillées et les croûtons sont d'autres options intéressantes. Assurez-vous que la saveur de la garniture se marie à celle du plat.

Préparer d'avance : le matin peut s'avérer une période critique. Si, dans votre cuisine, le temps constitue un facteur clé le matin, il peut être préférable pour vous de préparer les ingrédients la veille. Par sécurité, couvrez-les et réfrigérez-les tous jusqu'au moment de les utiliser. Aussi, conservez les légumes dans des contenants distincts de ceux de la viande et de la volaille crues. Ne faites pas dorer la viande ou la volaille la veille ; la cuisson partielle de la viande ou de la volaille suivie d'une réfrigération favorise la croissance des bactéries. Mettez les ingrédients dans la mijoteuse ; comme ils seront très froids, il peut s'avérer nécessaire d'ajouter 30 minutes au temps de cuisson recommandé.

Remplir la mijoteuse : pour de meilleurs résultats, remplissez la cocotte de la mijoteuse au moins à la moitié, mais pas plus qu'aux trois quarts de sa capacité. Plusieurs recettes recommandent de placer les légumes racines au fond de la cocotte – à cause de leur fermeté – et la viande sur les légumes.

Faible température ou température élevée ? Les mijoteuses ont deux réglages : faible et élevé. La plupart des recettes peuvent être exécutées à l'une ou l'autre température. En général, 2 à 2½ heures à faible température correspondent à 1 heure à température élevée. La plupart des recettes de ce livre indiquent la durée de cuisson pour l'une et l'autre températures. Si la recette n'indique qu'un réglage, c'est le seul à suivre. La cuisson à faible température produit un mariage des saveurs un peu plus réussi et attendrit mieux la viande.

Température élevée au départ, faible à l'arrivée: Une autre option de la cuisson à la mijoteuse, c'est de cuire à température élevée pendant la première heure, puis de réduire la chaleur à la faible intensité pour la fin de la cuisson. Cette façon de procéder écourte la durée totale de la cuisson de une à deux heures. Des modèles de mijoteuses offrent la particularité de passer automatiquement à la faible température après 1 heure de cuisson à température élevée.

Garder couvert: une mijoteuse peut prendre jusqu'à 30 minutes pour retrouver la chaleur perdue quand le couvercle est retiré en cours de cuisson. Retirez le couvercle seulement quand la recette vous l'indique. En général, les plats mijotés exigent peu ou pas d'être brassés. Comme les serpentins entourent l'extérieur de l'appareil et que la chaleur est basse, il n'y a pas à craindre de brûler les aliments.

Si vous ne pouvez résister à la tentation de jeter un coup d'œil dans la mijoteuse, tapotez délicatement le couvercle ou faites-le tourner pour dissiper une partie de la condensation. Vous serez alors à même de voir ce qui se passe dans la cocotte.

Épaissir: les épaississants sont généralement ajoutés durant les 15 à 30 dernières minutes de cuisson. La quantité de liquide généré dans une mijoteuse varie d'un modèle à l'autre. La cuisson à faible intensité ou sur une longue période produit plus de liquide que la cuisson à température élevée. Soulever le couvercle à répétition durant la cuisson réduit la quantité de liquide. S'il semble y avoir peu de liquide, utilisez seulement une portion (de la moitié aux trois quarts de

la quantité suggérée) de l'agent épaississant et, au besoin, en ajouter une autre fois. Si la sauce devient trop épaisse, éclaircissez-la simplement avec un peu de bouillon ou d'eau.

Il y a quatre agents épaississants qu'on peut utiliser dans une mijoteuse. Les deux plus communs sont la farine et la fécule de maïs.

La farine: les recettes de ce livre utilisent le plus souvent la farine tout-usage. Mettez la farine dans un petit bol ou une tasse et versez, en brassant, assez d'eau froide pour obtenir un mélange léger, sans grumeaux; l'usage d'un fouet aide à éliminer les grumeaux. Brassez rapidement le mélange de farine au liquide dans la mijoteuse réglée à intensité élevée. (Retirez les gros morceaux de viande ou de volaille de la mijoteuse avant d'épaissir la sauce.) Cuisez en brassant souvent jusqu'à épaississement. Si on utilise de la farine instantanée, on peut la brasser directement dans la sauce chaude.

La fécule de maïs : la fécule de maïs donne aux sauces une apparence claire, brillante; on l'utilise le plus souvent pour les sauces sucrées à dessert et les sauces à sauté. Mettez la fécule dans un petit bol ou une tasse et versez-y de l'eau froide, en brassant jusqu'à dissolution de la fécule. Brassez rapidement le mélange au liquide de la mijoteuse; la sauce épaissira dès que le liquide bouillera. Comme la fécule de maïs se sépare sous l'effet de trop de chaleur, ne l'ajoutez jamais au début de la cuisson à la mijoteuse. Aussi, dès que la sauce épaissit, éteignez l'appareil.

L'arrowroot: « L'arrowroot» (ou fécule d'arrowroot) est la racine moulue d'une plante tropicale; il produit

l'arrowroot juste avant de servir, car trop brasser peut séparer le mélange. (Voir le *Tableau des substitutions* à la page 23 pour l'information relative à la substitution de l'arrowroot à la farine.)

Le tapioca: le tapioca est une substance féculente extraite de la racine de manioc. Il se présente sous diverses formes, mais c'est dans sa version à cuisson rapide qu'il est utilisé dans plusieurs recettes de ce livre. Son principal avantage réside dans ce qu'il peut supporter une longue cuisson, ce qui en fait un choix idéal pour la mijoteuse. Ajoutez-le au début de la cuisson et vous obtiendrez une sauce claire épaissie à la fin. Il est préférable de cuire à faible température les plats contenant du tapioca comme épaississant; il peut devenir fibreux quand il est cuit très longtemps.

Les techniques faibles en gras: un des grands avantages de la mijoteuse c'est que vous pouvez facilement y préparer des repas faibles en gras. Comme les aliments ne sont pas généralement sautés au beurre ou à l'huile, la teneur en gras est naturellement plus basse dans les plats mijotés. Pour réduire plus encore le gras de vos plats, choisissez des viandes maigres, dégraissez-les de leur surplus, retirez la peau du poulet et faites dorer la viande dans une poêle antiadhésive légèrement

une sauce claire. Les personnes allergiques au blé le substituent souvent à la farine. Mettez l'arrowroot dans un petit bol ou une tasse et ajoutez-y de l'eau froide en brassant jusqu'à l'obtention d'un mélange lisse. Brassez rapidement le mélange au liquide de la mijoteuse. Au contraire de la fécule de maïs, l'arrowroot épaissit sous le point d'ébullition; par conséquent, il est tout indiqué pour épaissir les sauces cuites à la faible température d'une mijoteuse. Assurez-vous d'utiliser vaporisée d'un enduit à cuisson antiadhésif. Ou bien glissez la viande sous le gril pendant quelques minutes pour la faire dorer avant de la mettre dans la mijoteuse. Tout le gras qui pourrait s'accumuler durant la cuisson montera à la surface et pourra être retiré.

Boulanger à la mijoteuse : si vous désirez cuire du pain, des gâteaux ou des gâteaux au pouding dans une mijoteuse, il est possible de se procurer un moule à gâteau en métal, couvert et ventilé, parmi les accessoires. Vous pouvez aussi utiliser n'importe quel plat à soufflé aux parois droites ou moule à gâteau profond qui s'insérera dans la cocotte de l'appareil. On peut préparer ces aliments directement dans le plat ou le moule. Comme il peut être délicat d'extraire le plat ou le moule de la cocotte, suivez minutieusement les indications de la recette. (Voir la *technique des Poignées en aluminium* ci-dessous pour des conseils sur la façon de retirer un plat à soufflé ou un moule à gâteau de la mijoteuse.)

Doubler une recette : généralement, lorsque vous doublez une recette, doublez simplement la quantité de viande, de légumes, d'herbes et d'épices. (Voir à la page 10 *les épices qui gagnent en saveur*. Ne les doublez pas, mais procédez aux ajustements nécessaires en fin de cuisson.) Augmentez la quantité de liquide de 50 %. Référez-vous au manuel d'instruction de votre appareil pour plus de renseignements.

Ajustements en haute altitude : si vous habitez à une altitude supérieure à 1100 mètres (3500 pieds), il sera nécessaire de procéder à certains ajustements pour la cuisson à la mijoteuse. Tout ce que vous cuirez prendra plus de temps ; il faut donc calculer en conséquence. Comme les viandes coriaces s'attendrissent moins vite en haute altitude – parfois beaucoup moins vite – , essayez la cuisson à température élevée plutôt qu'à faible température. Les légumes-racines prennent aussi plus de temps à cuire ; coupez-les en morceaux plus petits que ce qu'indique la recette pour qu'ils cuisent plus vite.

Découpez trois bandes de 45 cm x 8 cm (18 po x 3 po) dans du papier d'aluminium résistant. Croisez les bandes de manière à ce qu'elles ressemblent aux rayons d'une roue. Placez le plat à la croisée des bandes.

Tirez les bandes vers le haut et au-dessus du plat ou de l'aliment. En utilisant les poignées d'aluminium, soulevez le plat ou l'aliment et déposez-le dans la mijoteuse. Laissez les bandes en place durant la cuisson, afin de pouvoir facilement retirer le plat ou l'aliment en fin de cuisson.

Poignées en aluminium : pour extraire facilement un plat ou un pain de viande d'une mijoteuse, fabriquez des poignées en aluminium (voir ci-dessus).

Techniques de cuisson à la mijoteuse d'aliments particuliers

Les aliments surgelés : évitez de cuire des aliments surgelés dans la mijoteuse. Pour des raisons de sécurité alimentaire, ne cuisez pas de la viande ou de la volaille surgelée dans la mijoteuse. Décongelez plutôt l'aliment au réfrigérateur avant de le cuire. Il est préférable de ne pas cuire des légumes surgelés en sachet dans la mijoteuse ; décongelez-les ou cuisez-les de façon conventionnelle ou au micro-ondes. Vous pouvez ajouter de petites quantités (½ à 1 tasse) de légumes surgelés, comme des pois, des haricots verts, des grains de maïs et des bouquets de brocoli, à un plat mijoté durant les 30 à 45 dernières minutes de cuisson. Cuisez à intensité élevée jusqu'à ce que les légumes soient tendres. (Au besoin, allongez le temps de cuisson de quelques minutes.)

Le riz : optez pour du riz Converted à long grain (ou du riz Arborio quand on le suggère) ou du riz sauvage pour de meilleurs résultats. Une longue cuisson mijotée peut transformer d'autres types de riz en bouillie ; si vous préférez servir des types de riz autres que le riz Converted, cuisez-les conventionnellement et ajoutez-les à la mijoteuse durant les 15 dernières minutes de cuisson. Vous pouvez ajouter une petite quantité (½ tasse) de riz non cuit à une soupe ou autre mets mijotés. Assurez-vous de l'ajouter au liquide bouillant durant la dernière heure de cuisson et de régler l'appareil sur la température élevée. (Au besoin, allongez le temps de cuisson de quelques minutes.)

Si vous désirez ajouter du riz à une recette qui n'en contient pas, vous devrez ajuster la quantité de liquide en conséquence. Ajoutez une quantité égale d'eau ou de bouillon avant d'y mettre le riz.

Les pâtes : les pâtes doivent être cuites dans un grand volume d'eau bouillante ; on ne devrait pas les cuire dans une mijoteuse. Cependant, vous pouvez ajouter de petites quantités (½ à 1 tasse) de petites pâtes, comme les orzo, les ditali, les petits macaronis ou de courts segments de linguine au liquide bouillant pendant la dernière heure d'une cuisson lente. Vous pouvez également cuire les pâtes à l'eau bouillante et les ajouter à la mijoteuse durant les 30 dernières minutes de cuisson.

Le poisson : le poisson cuit rapidement et peut être facilement trop cuit. C'est pourquoi il requiert une attention spéciale quand il est cuit à la mijoteuse. D'abord, choisissez seulement du poisson blanc à chair ferme, comme la morue, l'aiglefin, le bar, la sébaste et l'hoplostète orange. Évitez les variétés plus délicates et les filets minces parce qu'ils se désintégreront. Si le poisson est surgelé, décongelez-le toute une nuit dans son emballage d'origine avant de le cuire.

Ajoutez le poisson de 30 à 45 minutes avant la fin de la cuisson. Placez le réglage à intensité élevée avant d'ajouter le poisson, couvrez la mijoteuse et cuisez jusqu'à ce que la chair du poisson se détache en flocons à la pointe d'une fourchette. Le temps de cuisson dépend de la quantité et de l'épaisseur des filets – plus les filets sont épais et nombreux, plus longue sera la cuisson.

Les crustacés : les crustacés, par exemple les crevettes, sont délicats et devraient être ajoutés à la mijoteuse durant les 15 à 30 dernières minutes de cuisson. Cuisez-les toujours à température élevée. Si vous ajoutez une importante quantité de crustacés à la mijoteuse, prévoyez un temps de cuisson légèrement plus long. Surveillez avec soin la cuisson des crustacés ; il est facile de trop les cuire.

Les haricots secs : il est préférable de faire tremper les haricots secs avant de les cuire à la mijoteuse. Cela les attendrit et participe déjà de la cuisson. Attendrir les haricots réduit le temps de cuisson. (Les lentilles et les pois cassés n'ont pas besoin d'être attendris) Optez pour l'une ou l'autre des méthodes de trempage suivantes :

La méthode traditionnelle : placez les haricots secs triés dans un bol et rincez-les. Couvrez-les d'eau froide, non salée et laissez-les tremper toute la nuit. Videz l'eau et mettez les haricots dans la mijoteuse.

La méthode rapide : placez les haricots triés et rincés dans une grande casserole ; couvrez-les avec le double de leur volume d'eau froide non salée. Portez à ébullition à haute température. Laissez bouillir 2 minutes. Retirer la casserole du feu, couvrez-la et laisser en attente pendant 1 heure. Videz l'eau et mettez les haricots dans la mijoteuse.

Même si les haricots ont trempé, leur cuisson est longue. Évitez d'ajouter des ingrédients acides ou sucrés avant que les haricots soient tendres, parce qu'ils ralentissent leur attendrissement et prolongent le temps de cuisson. Les ingrédients acides (dont les tomates, le vinaigre et les jus d'agrumes) et les ingrédients sucrés (dont le sucre, le miel et la mélasse) ne doivent être ajoutés que vers la fin de la cuisson.

La fondue : une petite mijoteuse (1,7 litre - 1½ pinte) est le parfait substitut d'un caquelon. Que ce soit pour une fondue au fromage ou au chocolat, la faible température de la mijoteuse assure la fonte de l'un ou l'autre ingrédient en 45 à 60 minutes.

Adapter des recettes à la mijoteuse

Vous pouvez adapter plusieurs de vos recettes conventionnelles préférées à la cuisson lente. Choisissez des recettes qui sont normalement exécutées sur la cuisinière, comme les soupes, les ragoûts, les chilis, les viandes et les volailles braisées ; elles se prêtent mieux à l'adaptation. Trouvez une recette à la mijoteuse semblable pour vous guider. Notez les temps de cuisson, la quantité de liquide, la quantité et la taille des morceaux de viande et de légume. Puisque la cuisson à la mijoteuse conserve l'humidité, réduisez la quantité de liquide du tiers à la moitié.

Suivez les techniques suggérées dans les pages précédentes pour la viande, la volaille, les légumes, le fromage, le riz, les pâtes, l'assaisonnement et l'épaississement.

Assurez-vous que la mijoteuse soit remplie au moins à la moitié (voir page 11). Vous devrez peut-être procéder à quelques essais avant de trouver les justes proportions.

Si votre recette adaptée contient trop de liquide, enlevez le surplus et jetez-le. Ou bien versez le surplus dans une casserole et cuisez à feu doux jusqu'à ce que le liquide ait réduit de moitié au moins. Cette technique, dite « de réduction », intensifie les saveurs. Reversez le liquide réduit dans la mijoteuse.

L'entretien de la mijoteuse

Le nettoyage : nettoyer votre mijoteuse est une opération fort simple. Fiez-vous aux indications suivantes pour les règles de base.

• Lavez toujours une nouvelle cocotte à l'eau chaude savonneuse avant d'y cuire quoi que ce soit. Le procédé de fabrication peut y avoir laissé des résidus.

• Pour les aliments collants, comme les côtes levées barbecue et d'autres plats contenant des ingrédients sucrés, vaporisez la cocotte d'un enduit à cuisson antiadhésif pour faciliter le nettoyage.

• Après la cuisson, lavez la cocotte refroidie à l'eau chaude savonneuse.

• Pour enlever les résidus collants, faites tremper la cocotte dans l'eau chaude savonneuse, puis utilisez un récureur en plastique ou en nylon. N'utilisez pas de tampon en laine d'acier.

• Essuyez le contenant métallique avec un linge humide.

Les températures extrêmes : les cocottes en céramique sont sensibles aux changements brusques de température. N'insérez pas la cocotte froide dans sa base préchauffée. Ne mettez pas la cocotte chaude sur une surface froide ou au réfrigérateur, et ne la remplissez pas d'eau froide. À moins que les indications du fabricant ne vous avisent du contraire, ne mettez pas la cocotte au four, ni au four à micro-ondes. Enfin, ne mettez jamais la cocotte au congélateur.

Sécurité de la mijoteuse

Sécurité alimentaire : la sécurité alimentaire doit être une préoccupation constante quand on prépare et sert de la nourriture. Les organismes qui causent des empoisonnements alimentaires se développent à des températures entre 5 °C (40 °F) et 60 °C (140 °F). Les recherches ont démontré que les mijoteuses, même fonctionnant à faible intensité, élèvent rapidement la température des aliments à travers cette zone critique, ce qui en fait des appareils de cuisson sécuritaires.

Panne de courant : si, en arrivant à la maison, vous vous rendez compte que vous subissez une panne de courant, vérifiez la mijoteuse sans tarder. À l'aide d'un thermomètre à lecture instantanée, mesurez la température du contenu de la mijoteuse. Si la température excède 60 °C (140 °F), vous pouvez

transférer le contenu dans une grande casserole ou une cocotte et poursuivre la cuisson sur un appareil au gaz, cuisinière ou gril. Cependant, si la température se situe entre 4 °C (40 °F) et 60 °C (140 °F), jetez le contenu de la cocotte.

Si vous avez du courant lors de votre retour à la maison, mais que le retard des horloges indique qu'il y a eu une panne électrique, la meilleure solution reste de jeter la nourriture. Vous ne saurez jamais quelle était la température des aliments pendant la panne, surtout si celle-ci a duré plusieurs heures. Par conséquent, même si la nourriture est chaude et paraît cuite, il vaut mieux jouer la carte de la sécurité et jetez le contenu de la cocotte.

Préparation sécuritaire : Quand vous préparez d'avance des ingrédients pour un usage ultérieur, réfrigérez toujours la viande et les légumes. Ne rangez pas la viande et la volaille crue dans les mêmes contenants que les légumes. Ne rangez pas les ingrédients dans la cocotte de la mijoteuse ; commencer la cuisson avec une cocotte froide allongera le temps de cuisson.

Aliments surgelés : ne cuisez pas de la viande ou de la volaille surgelée dans la mijoteuse. Que ce soit à température faible ou élevée, il faut trop de temps pour traverser la zone critique ; par conséquent, les bactéries auraient un lieu idéal pour se développer et proliférer. Il est préférable de cuire les légumes surgelés sur la cuisinière ou au four à micro-ondes.

Faire dorer : il ne faut jamais faire dorer ou cuire partiellement de la viande ou de la volaille, puis la réfrigérer pour un usage ultérieur. Il faut la faire cuire aussitôt qu'elle a été dorée.

Cuisson complète de la viande et de la volaille : la cuisson terminée, mesurez la température de la viande, de la volaille et des pains de viande à l'aide d'un thermomètre à lecture instantanée. La température de la volaille doit être de 85 °C (180 °F), celle du bœuf et du porc de 72 °C (160 °F) à 77 °C (170 °F) et celle d'un pain de viande de 74 °C (165 °F).

Garder au chaud : certaines mijoteuses sont dotées d'un réglage « garder au chaud » destiné à maintenir la nourriture au-dessus de 63 °C (145 °F). Vous pouvez vérifier le bon fonctionnement de votre mijoteuse en mesurant périodiquement la température des aliments quand ils sont maintenus au chaud. La température ne devrait pas s'abaisser sous les 60 °C (140 °F).

Les restes : réfrigérez rapidement les restes. Les aliments peuvent demeurer dans une mijoteuse éteinte jusqu'à 1 heure. Pour refroidir rapidement les restes, divisez-les entre plusieurs petits contenants plutôt qu'un seul grand contenant ; ils se refroidiront plus vite et les bactéries auront moins de chance de proliférer. Ne réchauffez jamais des restes dans la mijoteuse. Plutôt, réchauffez-les rapidement sur la cuisinière ou au four à micro-ondes.

Remplir la mijoteuse : une mijoteuse qui n'est pas à moitié pleine ne cuira pas les aliments assez vite. Comme les serpentins entourent le cylindre extérieur, la plupart des aliments ne seront pas au contact de la source de chaleur.

Sécurité de l'appareil : les mijoteuses sont assez sécuritaires pour être laissées sans surveillance pendant qu'elles fonctionnent. Si vous prévoyez vous absenter de la maison toute la journée, il est plus sécuritaire de régler la mijoteuse à faible température. N'utilisez pas la mijoteuse à proximité de l'évier. Branchez-la à une prise située à un minimum d'un mètre (trois pieds) de l'évier. N'immergez jamais la base de la mijoteuse dans l'eau. N'utilisez pas la cocotte si elle est fêlée ; remplacez-la. Pour d'autres conseils de sécurité, voyez le livret d'instruction du fabricant.

Les fils électriques : protégez le fil électrique des encoches et des coupures. Vérifiez le fil périodiquement ; s'il est abîmé, remplacez-le. Ne branchez pas la mijoteuse à une rallonge.

Le garde-manger de la mijoteuse

Un garde-manger bien garni rendra la cuisson à la mijoteuse encore plus agréable. Avoir sous la main les ingrédients les plus fréquemment utilisés signifie que vous pourrez préparer des repas sans courir chaque fois à l'épicerie. Les ingrédients suivants sont souvent utilisés dans les recettes pour la mijoteuse. Adaptez la liste à vos besoins afin de pouvoir préparer vos recettes préférées quand bon vous semble.

- Bouillon de poulet et de bœuf en boîte
- Soupes crémeuses condensées
- Tomates en dés en boîte
- Sauce tomate
- Pâte de tomate
- Haricots secs
- Haricots en boîte

- Pâtes
- Riz Converted à long grain
- Herbes séchées
- Huile végétale
- Huile d'olive
- Enduit à cuisson antiadhésif en aérosol
- Sucre granulé

- Cassonade
- Farine tout-usage
- Fécule de maïs ou d'arrowroot
- Lait condensé
- Oignons
- Ail
- Pommes de terre à bouillir

Garnissez le réfrigérateur de vos légumes et produits laitiers préférés pour la cuisson à la mijoteuse.

- Carottes
- Céleri
- Poivrons
- Lait
- Crème sure
- Fromage

Conservez un petit assortiment de viande, de volaille et de légumes surgelés au congélateur

- Bœuf haché maigre * (paquets de 450g/1 livre)
- Cubes de bœuf à ragoût * (paquets de 450g/1 livre)
- Poulet en morceaux * (paquets de 4 morceaux)
- Poitrines de poulet désossées * (paquet de 2 poitrines)
- Pois verts
- Haricots verts
- Maïs
- Légumes à ragoût

* La viande et la volaille ont une durée limitée de conservation au congélateur. Utilisez le bœuf haché dans les 3 mois, la viande à ragoût dans les 6 mois et la volaille dans les 8 mois qui suivent leur mise au congélateur. Si vous n'utilisez pas ces paquets de viande et de volaille pour des repas mijotés, assurez-vous de les utiliser à d'autres fins avant qu'ils ne perdent leurs propriétés. Dégelez toujours la viande, la volaille et de grandes quantités de légumes avant de les cuire à la mijoteuse (voir *Les aliments surgelés* page 15).

Tableau de substitution des ingrédients

SI VOUS N'AVEZ PAS :	UTILISEZ :
• Arrowroot (1 cuillère à table)	• 2 ½ cuillères à table de farine tout-usage
• Levure chimique (1 cuillère à thé)	• ½ cuillère à thé de bicarbonate de soude plus ½ cuillère à thé de crème de tartre
• Chapelure (1 tasse)	• 1 tasse de craquelins émiettés
• Bouillon, poulet ou bœuf (1 tasse)	• 1 cube de bouillon ou ½ cuillère à thé de bouillon granulé dissous dans 1 tasse d'eau bouillante
• Beurre (¼ tasse ou ½ bâtonnet)	• ¼ tasse de margarine ou 3 ½ cuillères à table d'huile végétale
• Fromage cheddar (1 tasse, râpé)	• 1 tasse de fromage Colby ou Monterey Jack râpé
• Fécule de maïs (1 cuillère à table)	• 2 cuillères à table de farine tout-usage
• Fromage ricotta (1 tasse)	• 1 tasse de fromage cottage légèrement grumeleux
• Crème ou moitié-moitié (1 tasse)	• 1 ½ cuillère à table de beurre fondu + assez de lait entier pour obtenir 1 tasse
• Ail (1 petite gousse)	• ⅛ de cuillère à thé de poudre d'ail ou ¼ de cuillère à thé de sel d'ail
• Ketchup (1 tasse)	• 1 tasse de sauce tomate + 1 cuillère à thé de vinaigre + 1 cuillère à table de sucre
• Jus de citron (1 cuillère à thé)	• ½ cuillère à thé de vinaigre ou 1 cuillère à thé de jus de lime ou de vin blanc
• Zeste d'orange ou de citron frais (1 c. à thé)	• ½ cuillère à thé de zeste séché
• Mayonnaise (½ tasse)	• ½ tasse de crème sure ou de yogourt nature
• Lait condensé (1 tasse)	• 1 tasse de crème légère
• Champignons frais (½ livre)	• 1 boîte de champignons (115 g - 4 onces)
• Moutarde préparée (1 cuillère à table)	• 1 cuillère à thé de moutarde en poudre
• Oignons émincés (½ tasse)	• 1 cuillère à table d'oignon émincé séché
• Fromage asiago ou romano râpé (½ tasse)	• ½ tasse de fromage parmesan râpé
• Canneberges séchées (1 tasse)	• 1 tasse de raisins secs
• Safran (½ cuillère à thé)	• ½ cuillère à thé de curcuma
• Crème sure (1 tasse)	• 1 tasse de yogourt nature (mais non la version légère)
• Jus de tomate (1 tasse)	• ½ tasse de sauce tomate + ½ tasse d'eau
• Sauce tomate (1 tasse)	• ⅜ tasse (6 cuillères à table) de pâte de tomate + ½ tasse d'eau
• Vinaigre (1 cuillère à thé)	• 2 cuillères à thé de jus de citron ou de lime
• Vin (1 tasse)	• 1 tasse de bouillon de poulet ou de bœuf ou 1 tasse de jus de fruit mélangée à 2 cuillères à thé de vinaigre

Amuse-gueules et collations

Trempette aux haricots Pinto

3½ tasses de haricots Pinto, en boîte, rincés et égouttés
1 boîte (400 ml - 14 onces) de tomates en dés avec piments verts,
non égouttées
1 tasse d'oignon haché
⅔ de tasse de salsa
1 cuillère à table d'huile végétale
1¼ cuillère à thé d'ail émincé
1 cuillère à thé de coriandre moulue
1 cuillère à thé de cumin moulu
1½ tasse de fromage râpé mexicain en mélange
ou de cheddar
¼ de tasse de cilantro (appelé aussi coriandre ou persil chinois)
haché Tortillas de maïs bleu ou autres variétés
Légumes crus variés

1. Combinez les haricots, les tomates dans leur jus, l'oignon, la salsa, l'huile, l'ail, la coriandre et le cumin dans la mijoteuse.

2. Couvrez et cuisez à faible intensité pendant 5 à 6 heures ou jusqu'à ce que les oignons soient tendres.

3. Écrasez partiellement le mélange de haricots avec le pilon à pommes de terre. Ajoutez le fromage et le cilantro en brassant. Servez à température de la pièce accompagnée de tortillas et de légumes.

Donne environ 5 tasses de trempette

Temps de préparation : 12 minutes
Temps de cuisson : 5 à 6 heures

Ailes de poulet au miel et à la moutarde

1,3 kg (3 livres) d'ailes de poulet
1 cuillère à thé de sel
1 cuillère à thé de poivre noir
½ tasse de miel
½ tasse de sauce barbecue
2 cuillères à table de moutarde brune épicée
1 gousse d'ail émincée
4 fines tranches de citron

1. Rincez et asséchez le poulet en le tamponnant avec du papier essuie-tout. Coupez et jetez le bout des ailes. Coupez chaque aile en deux à l'articulation. Salez et poivrez les deux côtés. Placez les morceaux de poulet dans un bac à rôtisserie. Grillez environ 10 minutes à 12 ou 15 cm (4 ou 5 pouces) de la source de chaleur ; tournez le poulet à la mi-temps pour griller l'autre côté. Placez les ailes de poulet dans la mijoteuse.

2. Combinez le miel, la sauce barbecue, la moutarde et l'ail dans un petit bol et mélangez bien. Versez la sauce sur les ailes de poulet. Couvrez des tranches de citron. Fermez la mijoteuse et cuisez à faible intensité pendant 4 à 5 heures.

3. Enlevez et jetez les tranches de citron. Servez les ailes avec la sauce.

Donne environ 24 amuse-gueules

Astuce : faire dorer le poulet avant de le cuire dans une mijoteuse procure quelques avantages : la saveur est rehaussée tout comme la couleur des ailes de poulet.

Temps de préparation : 20 minutes
Temps de cuisson : 4 à 5 heures

Trempette crémeuse à l'artichaut et au parmesan ▶

2 boîtes (400 ml – 14 onces chacune) de cœurs d'artichaut, égouttés et hachés
2 tasses de fromage mozzarella râpé
1½ tasse de fromage parmesan râpé
1½ tasse de mayonnaise
½ tasse d'oignon finement haché
½ cuillère à thé d'origan séché
¼ de cuillère à thé de poudre d'ail
4 pains pita
Légumes précoupés assortis

1. Combinez les cœurs d'artichaut, les fromages, la mayonnaise, l'oignon, l'origan et la poudre d'ail dans la mijoteuse. Mélangez bien.

2. Couvrez et cuisez à faible intensité pendant 2 heures.

3. Durant la cuisson, coupez les pains pita en triangles. Disposez les pains pita et les légumes dans une assiette et servez avec la trempette chaude.

Donne 4 tasses de trempette

Ailes de poulet barbecue aux canneberges

1,3 kg (3 livres) d'ailes de poulet
Sel et poivre
1 pot (350 ml - 12 onces) de relish à l'orange et aux canneberges
½ tasse de sauce barbecue
2 cuillères à table de tapioca à cuisson rapide
2 cuillère à table de moutarde préparée
Riz cuit chaud (facultatif)

1. Préchauffez le gril. Rincez le poulet et asséchez-le en le tamponnant avec du papier essuie-tout. Coupez et jetez le bout des ailes. Coupez chaque aile en deux à l'articulation. Placez le poulet dans un bac à rôtisserie. Salez et poivrez. Mettez le poulet sous le gril. Grillez de 10 à 12 minutes à 12 ou 15 cm (4 ou 5 pouces) de la source de chaleur ou jusqu'à ce que les ailes soient dorées, en les tournant une fois pendant la cuisson. Transférez le poulet dans la mijoteuse.

2. Mélangez la relish, la sauce barbecue, le tapioca et la moutarde dans un petit bol. Versez sur le poulet. Couvrez et cuisez à faible intensité de 4 à 5 heures. Servez avec du riz chaud, si désiré.

Donne environ 16 amuse-gueules

Temps de préparation : 20 minutes
Temps de cuisson : 4 à 5 heures

Trempette au fromage mijotée

450 g (1 livre) de bœuf haché
450 g (1 livre) de chair à saucisse italienne
1 paquet (450 g - 16 onces) de fromage à tartiner pasteurisé, coupé en dés
1 boîte (325 g - 11 onces) de piments jalapeño tranchés, égouttés
1 oignon moyen, coupé en dés
225 g (8 onces) de fromage cheddar, coupé en dés
1 tasse de fromage à la crème, coupé en dés
1 contenant (225 g - 8 onces) de fromage cottage
1 contenant (225 g - 8 onces) de crème sure
1 boîte (250 ml - 8 onces) de tomates en dés, égouttées
3 gousses d'ail émincées
Sel et poivre

1. Faites dorer le bœuf haché et la chair à saucisse dans une poêle moyenne à feu moyen-fort, en brassant pour défaire la viande. Égouttez. Transférez dans une mijoteuse de 4½ litres (4 pintes).

2. Ajoutez le fromage fondu, les piments jalapeño, l'oignon, le fromage cheddar, le fromage à la crème, le fromage cottage, la crème sure, les tomates et l'ail dans la mijoteuse. Salez et poivrez.

3. Couvrez et cuisez à intensité élevée 1½ à 2 heures ou jusqu'à ce que les fromages aient fondu. Servez avec des craquelins ou des croustilles de maïs.

Donne 16 à 18 portions

Astuce : le fromage fondu se prête très bien à une longue cuisson lente. Comme il a été fabriqué à la chaleur et qu'il contient des émulsifiants, il demeurera lisse et crémeux.

Saucisses cocktail épicées aigre-doux

▶

2 paquets (225 g - 8 onces chacun) de saucisses cocktail
½ tasse de ketchup ou de sauce chili
½ tasse de confiture d'abricots
1 cuillère à thé de sauce piquante

1. Combinez tous les ingrédients dans une mijoteuse de 1,7 litre (1½ pinte); mélangez-les bien. Couvrez et cuisez à faible intensité 2 à 3 heures.

2. Servez chaud ou à température de la pièce avec des cure-dents de fantaisie et de la sauce piquante forte, si désiré.

Donne environ 16 amuse-gueules

Temps de préparation: 8 minutes
Temps de cuisson: 2 à 3 heures

Chili con Queso

1 paquet (450 g - 16 onces) de fromage à tartiner pasteurisé,
    coupé en cubes
1 boîte (300 ml - 10 onces) de tomates en dés au chili vert, non égouttées
1 tasse d'oignons verts tranchés
2 cuillères à thé de coriandre moulue
2 cuillères à thé de cumin moulu
¾ de cuillère à thé de sauce piquante
    Lanières d'oignon vert (facultatif)
    Tranches de piment fort (facultatif)
    Croustilles de maïs

1. Combinez le fromage à tartiner, les tomates dans leur jus, les oignons, la coriandre et le cumin dans la mijoteuse; brassez pour obtenir un mélange homogène.

2. Couvrez et cuisez à faible intensité 2 à 3 heures, ou jusqu'à ce que ce soit chaud.

3. Garnissez de lanières d'oignon et de tranches de piment fort, si désiré.
Servez accompagné de croustilles de maïs.

Donne 3 tasses

Suggestion de présentation: pour varier, coupez du pain pita en triangles et cuisez-les au four préchauffé à 200 °C (400 °F) pendant 5 minutes ou jusqu'à ce qu'ils soient croustillants.

Bon mais davantage en hors d'œuvre

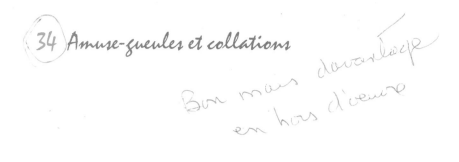

Boulettes de viande barbecue

900 g (2 livres) de bœuf haché maigre
1⅓ tasse de ketchup, divisée
3 cuillères à table de chapelure assaisonnée sèche
1 œuf, légèrement battu
2 cuillères à table d'oignon séché en flocons
¾ cuillère à thé de sel d'ail
½ cuillère à thé de poivre noir
1 tasse de cassonade dorée tassée
1 boîte (175 ml - 6 onces) de pâte de tomate
¼ tasse de sauce soja à teneur de sel réduite
¼ tasse de vinaigre de cidre
1½ cuillère à thé de sauce piquante
Poivrons coupés en dés (facultatif)

1. Préchauffez le four à 175 °C (350 °F). Combinez le bœuf haché, ⅓ de tasse de ketchup, la chapelure, l'œuf, les flocons d'oignon, le sel d'ail et le poivre noir dans un bol moyen. Mélangez bien, mais ayez la main légère ; façonnez des boulettes de 1 po. Disposez les boulettes dans deux bacs de 15 po x 10 po (40 cm x 25 cm) ou des bacs à rôtissoire peu profonds. Cuire 18 minutes ou jusqu'à ce que les boulettes soient dorées. Transférez les boulettes dans la mijoteuse.

2. Mélangez 1 tasse de ketchup, la cassonade, la pâte de tomate, la sauce soja, le vinaigre et la sauce piquante dans un bol moyen. Versez sur les boulettes de viande. Couvrez et cuisez à faible intensité pendant 4 heures. Servez avec des cure-dents de fantaisie. Garnissez de poivrons en dés, si désiré.

Donne environ 4 douzaines de boulettes de viande

Saucisses cocktail barbecue : disposez 2 (340 g - 12 onces) paquets ou 3 (225 g - 8 onces) paquets de saucisses cocktail dans la mijoteuse. Combinez 1 tasse de ketchup, la cassonade, la pâte de tomate, la sauce soja, le vinaigre et la sauce piquante ; versez sur les saucisses. Cuisez comme les Boulettes de viande barbecue.

Amuse-gueules au parmesan de style ranch ▶

3 tasses de bouchées de maïs ou de carrés de céréale de riz
2 tasses de craquelins à huître
1 paquet (140 g - 5 onces) de croustilles de bagel, cassées en deux
1½ tasse de pretzels en mini-boucles
1 tasse de pistaches
2 cuillères à table de fromage parmesan râpé
¼ tasse (½ bâtonnet) de beurre, fondu
1 sachet (28 g - 1 once) de mélange à salade ranch déshydraté
½ cuillère à thé de poudre d'ail

1. Combinez les céréales, les craquelins, les croustilles, les pretzels, les noix et le fromage parmesan dans la mijoteuse ; mélangez délicatement.

2. Combinez le beurre, le mélange à salade et la poudre d'ail dans un petit bol. Versez sur le mélange de céréales ; brassez légèrement pour tout humecter. Couvrez et faites cuire 3 heures à faible intensité.

3. Retirez le couvercle ; brassez légèrement. Faites cuire 30 minutes à découvert. Conservez le mélange dans des contenants hermétiques.

Donne 9½ tasses d'amuse-gueules

Temps de préparation : 5 minutes
Temps de cuisson : 3½ heures

Trempette de fête au bacon et au fromage

2 paquets (225 g - 8 onces chacun) de fromage à la crème, coupé en dés
4 tasses de fromage Colby-Jack, râpé
1 tasse de crème 10 %
2 cuillères à table de moutarde préparée
1 cuillère à table d'oignon émincé
2 cuillères à thé de sauce Worcestershire
½ cuillère à thé de sel
¼ cuillère à thé de sauce piquante
1 livre de bacon, cuit, croustillant et émietté

1. Combinez le fromage à la crème, le fromage Colby-Jack, le mélange moitié-moitié, la moutarde, l'oignon, la sauce Worcestershire, le sel et la sauce piquante dans la mijoteuse.

2. Couvrez ; cuisez, en brassant à l'occasion, à faible intensité 1 heure ou jusqu'à ce que le fromage ait fondu.

3. Ajoutez le bacon en brassant ; ajuster l'assaisonnement. Servez avec du pain croûté ou des crudités.

Donne environ 4 tasses de trempette

Trempette copieuse aux haricots Calico

360 g (¾ livre) de bœuf haché
230 g (½ livre) de tranches de bacon, cuites, croustillantes et émiettées
2 tasses de haricots cuits
1¾ tasse de haricots Great Northern, en boîte, rincés et égouttés
1¾ tasse de haricots rouges, en boîte, rincés et égouttés
1 petit oignon, haché
½ tasse de cassonade tassée
½ tasse de ketchup
1 cuillère à table de vinaigre de cidre
1 cuillère à thé de moutarde préparée
Croustilles de maïs

1. Faites dorer le bœuf haché dans une grande poêle antiadhésive à feu moyen-vif, en brassant pour défaire la viande. Égouttez. À la cuillère, transférez la viande dans la mijoteuse.

2. Ajoutez le bacon, les haricots, l'oignon, la cassonade, le ketchup, le vinaigre et la moutarde dans la mijoteuse ; mélangez à fond.

3. Couvrez et cuisez 4 heures à faible intensité ou 2 heures à intensité élevée. Servez avec des croustilles de maïs.

Donne 12 portions

Astuce : il est facile de cuire le bacon au four à micro-ondes. Entre plusieurs feuilles d'essuie-tout, disposez les tranches de bacon en une seule couche – sans qu'elles se chevauchent – dans une assiette. Cuisez environ 1 minute par tranche. Vérifiez le résultat au trois quarts de la durée de cuisson. Laissez refroidir le bacon avant de l'émietter.

Saucisses Bratwurst à la bière ▶

680 g (1 ½ livre) de Bratwurst (cervelas) (environ 5 à 6 saucisses)
1 canette ou bouteille (350 ml - 12 onces) de bière blonde
1 oignon moyen, finement émincé
2 cuillères à table de cassonade tassée
2 cuillères à table de vin rouge ou de vinaigre de cidre
Moutarde brune épicée
Pain de seigle de fantaisie

1. Combinez les saucisses, la bière, l'oignon, la cassonade et le vin dans la mijoteuse.

2. Couvrez et cuisez 4 à 5 heures à faible intensité.

3. Retirez les saucisses du liquide de cuisson. Coupez-les en tranches de 12 mm (½ po). Pour des mini-canapés, étalez de la moutarde sur le pain de seigle. Garnissez de tranches de Bratwurst (cervelas) et d'oignon.

Donne de 30 à 36 amuse-gueules

Conseil : choisissez une bière au goût léger pour la cuisson des saucisses Bratwurst (cervelas). Les bières fortes peuvent donner un goût un peu âcre aux saucisses.

Temps de préparation : 5 minutes
Temps de cuisson : 4 à 5 heures

Amuse-gueules au cari

3 cuillères à table de beurre
2 cuillères à table de cassonade dorée tassée
1 ½ cuillère à thé de poudre de cari piquant
¼ cuillère à thé de sel
¼ cuillère à thé de cumin moulu
2 tasses de carrés de céréale de riz
1 tasse de noix de Grenoble en moitiés
1 tasse de canneberges séchées

Faites fondre le beurre dans une grande poêle. Ajoutez la cassonade, le cari, le sel et le cumin ; mélangez à fond. Ajoutez les céréales, les noix et les canneberges ; mélangez pour tout humecter. Transférez le mélange dans la mijoteuse. Couvrez et cuisez 3 heures à faible intensité. Cuisez, à découvert, pendant 30 minutes supplémentaires. Conservez le mélange dans un contenant hermétique.

Donne 16 portions

Trempette taco simple

225 g (½ livre) de bœuf haché
  1 tasse de maïs surgelé, décongelé
  ½ tasse d'oignon haché
  ½ tasse de salsa
  ½ tasse de sauce à taco douce
  1 boîte (125 ml - 4 onces) de chilis verts doux
  1 boîte (125 ml - 4 onces) d'olives noires tranchées, égouttées
  1 boîte (125 ml - 4 onces) de fromage mexicain en mélange, râpé
  Croustilles de maïs
  Crème sure

1. Faites dorer le bœuf haché dans une grande poêle antiadhésive à feu moyen-vif, en brassant pour défaire la viande. Égouttez. Transférez à la cuillère dans la mijoteuse.

2. Ajoutez le maïs, l'oignon, la salsa, la sauce taco, les chilis et les olives dans la mijoteuse ; mélangez à fond. Couvrez et cuisez 2 à 3 heures à faible intensité.

3. Tout juste avant de servir, ajoutez le fromage en brassant. Servez avec des croustilles de maïs et de la crème sure.

Donne environ 3 tasses de trempette

Conseil : pour garder la trempette chaude pendant toute la réception, laissez-la dans la mijoteuse en réglant celle-ci sur la faible intensité ou sur la fonction « garder au chaud ».

Temps de préparation : 15 minutes
Temps de cuisson : 2 à 4 heures

Amuse-gueules de réception ▶

3 tasses de carrés de céréale de riz
2 tasses de rondelles de céréale d'avoine grillée
2 tasses de bouchées de céréale de blé filamenté
1 tasse d'arachides ou de pistaches
1 tasse de pretzels en fins bâtonnets
½ tasse (1 bâtonnet) de beurre, fondu
1 cuillère à table de sauce Worcestershire
1 cuillère à thé de sel assaisonné
½ cuillère à thé de poudre d'ail
⅛ de cuillère à thé de piment rouge moulu (facultatif)

1. Combinez les céréales, les noix et les pretzels dans la mijoteuse.

2. Mélangez le beurre, la sauce Worcestershire, le sel assaisonné, la poudre d'ail et le piment rouge dans un petit bol. Versez sur le mélange de céréales dans la mijoteuse ; brassez légèrement pour tout humecter.

3. Couvrez ; cuire à faible intensité pendant 3 heures, en brassant à fond toutes les 30 minutes. Cuisez 30 minutes à découvert. Conservez les Amuse-gueules de réception refroidis dans un contenant hermétique.

Donne 10 tasses

Trempette crémeuse au fromage et aux épinards

2 paquets (300 g - 10 onces chacun) d'épinards hachés surgelés, décongelés
2 tasses d'oignons hachés
1 cuillère à thé de sel
½ cuillère à thé de poudre d'ail
¼ cuillère à thé de poivre noir
340 g (12 onces) de fromage à tartiner pasteurisé aux piments jalapeño, coupé en dés
Craquelins variés (facultatif)
Tomates cerises évidées (facultatif)

1. Égouttez les épinards et essorez-les en conservant ½ tasse du liquide. Mettez les épinards, le liquide conservé, les oignons, le sel, la poudre d'ail et le poivre dans une mijoteuse de 1½ pinte ; mélangez le tout. Couvrez et cuisez 1½ heure à intensité élevée.

2. Ajoutez le fromage en brassant et cuisez 30 minutes supplémentaires ou jusqu'à ce que le fromage ait fondu. Servez avec des craquelins ou emplissez les tomates cerises.

Donne 16 portions

Conseil: pour décongeler rapidement les épinards, retirez l'enveloppe de papier des sachets d'épinards. Cuisez au micro-ondes à intensité élevée de 3 à 4 minutes ou jusqu'à ce qu'ils soient tout juste décongelés.

Ailes de poulet à la sauce au miel

1,3 kg (3 livres) d'ailes de poulet
1 cuillère à thé de sel
½ cuillère à thé de poivre noir
1 tasse de miel
½ tasse de sauce soja
¼ tasse d'oignon haché
¼ tasse de ketchup
2 cuillères à table d'huile végétale
2 gousses d'ail, émincées
¼ cuillère à thé de piment rouge en flocons
Graines de sésame grillées (facultatif)

1. Rincez le poulet et asséchez-le en le tamponnant avec du papier essuie-tout. Coupez et jetez le bout des ailes. Coupez chaque aile en deux à l'articulation. Salez et poivrez chaque partie d'aile. Disposez les ailes dans un bac à rôtisserie. Grillez 20 minutes à 10 ou 12,5 cm (4 ou 5 pouces) de la source de chaleur, en les retournant une fois, ou jusqu'à ce qu'elles soient dorées. Transférez le poulet dans la mijoteuse.

2. Pour faire la sauce, combinez le miel, la sauce soja, l'oignon, le ketchup, l'huile, l'ail et les flocons de piment dans un bol. Versez sur les ailes de poulet.

3. Couvrez et cuisez de 4 à 5 heures à faible intensité ou de 2 à 2½ heures à intensité élevée. Garnissez de graines de sésame, si désiré.

Donne environ 32 amuse-gueules

Astuce : pour griller les graines de sésame, étalez-les dans une petite poêle. Brassez la poêle au-dessus d'un feu moyen pendant 2 minutes ou jusqu'à ce que les graines commencent à éclater et à virer au brun doré.

Copieux plats de viande

Rôti en cocotte à l'italienne

2 cuillères à thé d'ail émincé
1 cuillère à thé de sel
1 cuillère à thé de basilic séché
1 cuillère à thé d'origan séché
¼ cuillère à thé de poivron rouge en flocons
1 rôti de bœuf de croupe roulé ou rôti de palette, désossé
  (environ 1,3 kg - 2½ à 3 livres)
1 gros oignon coupé en quartiers et finement émincé
1½ tasse de sauce tomate-basilic ou marinara pour pâtes
3½ tasses de haricots cannellini ou Great Northern, en boîte,
  rincés et égouttés
¼ tasse de basilic frais en lanières ou de persil italien haché

1. Combinez l'ail, le sel, le basilic, l'origan et les flocons de piment dans un petit bol ; frottez-en le rôti.

2. Placez la moitié des tranches d'oignon dans la mijoteuse. Coupez le rôti en deux pour le placer dans une mijoteuse de 4½ litres (4 pintes). Placez-en une moitié sur le lit d'oignon ; garnissez le dessus de l'autre moitié de l'oignon, placez l'autre moitié du rôti. Nappez le rôti de la sauce à pâtes. Couvrez et faites cuire à faible intensité durant 8 à 9 heures ou jusqu'à ce que ce soit tendre sous la pointe d'une fourchette.

3. Transférez le rôti sur une planche à découper ; couvrez-le d'une feuille d'aluminium en forme de tente. Laissez le liquide dans la mijoteuse en attente 5 minutes afin que le gras monte à la surface. Retirez le gras.

4. Ajoutez les haricots au bouillon en brassant. Couvrez ; faites cuire à intensité élevée pendant 15 à 30 minutes ou jusqu'à ce que les haricots soient chauds. Taillez le rôti en tranches fines dans le sens contraire du grain. Servez avec le mélange de haricots et le basilic frais.

Donne de 6 à 8 portions

Temps de préparation : 15 minutes
Temps de cuisson : 8 à 9 heures

COPIEUX PLATS DE VIANDE

Pâtes au brocoli et au bœuf

**2 tasses de bouquets de brocoli ou 1 paquet (300 g - 10 onces)
de brocoli surgelé, décongelé**
1 oignon finement tranché
½ cuillère à thé de basilic séché
½ cuillère à thé d'origan séché
½ cuillère à thé de thym séché
**1 boîte (400 ml - 14 onces) de tomates italiennes en dés,
non égouttées**
¾ tasse de bouillon de bœuf
450 g (1 livre) de bœuf haché maigre
2 gousses d'ail émincées
2 cuillères à table de pâte de tomate
2 tasses de pâtes rotini cuites
¾ tasse de fromage cheddar râpé ou de fromage parmesan râpé

1. Alternez en couches, dans la mijoteuse, le brocoli, l'oignon, le basilic, l'origan, le thym, les tomates avec leur jus et le bouillon. Couvrez et cuisez 2½ heures à faible intensité.

2. Dans une grande poêle antiadhésive, à feu moyen-vif, en brassant pour défaire la viande, faites cuire le bœuf et l'ail jusqu'à ce que le bœuf soit doré. Égouttez le gras. Ajoutez le mélange de bœuf à la mijoteuse. Couvrez et faites cuire 2 heures.

3. Ajoutez la pâte de tomate en brassant. Ajoutez les pâtes et le fromage. Couvrez et cuisez 30 minutes ou jusqu'à ce que le mélange soit chaud et le fromage fondu. Saupoudrez de fromage si désiré.

Donne 4 portions

Suggestion de présentation : servez avec du pain à l'ail.

Haricots rouges et riz au jambon ▶

1 paquet (450 g - 16 onces) de haricots rouges séchés, rincés et triés
450 g (1 livre) de saucisses de bœuf fumées, tranchées
1 tranche de jambon (environ 225 g - 8 onces) en cubes
1 petit oignon en dés
2½ à 3 tasses d'eau
1 cuillère à thé d'assaisonnement mexicain (adobo) avec poivre
⅛ cuillère à thé de piment rouge moulu

1. Mettez les haricots dans un grand bol et couvrez-les complètement d'eau. Trempez pendant 6 à 8 heures ou toute la nuit. Égouttez.

2. Placez les haricots dans la mijoteuse. Ajoutez les saucisses, le jambon, l'oignon, l'eau (2½ tasses pour une faible intensité ; 3 tasses pour une intensité élevée), l'assaisonnement mexicain et le piment rouge. Couvrez et cuisez à faible intensité pendant 7 à 8 heures ou à intensité élevée pendant 3 à 4 heures, ou jusqu'à ce que les haricots soient tendres, en brassant aux 2 heures si nécessaire. Servez sur du riz.

Donne 6 portions

Côtes Rio Grande

1,3 kg (3 livres) de côtes de porc de style campagnard
nettoyées de leur gras
1 tasse de sauce piquante
¼ tasse de bière, de boisson de malt non alcoolisée
ou de bouillon de bœuf
1 cuillère à table de moutarde brune
1 cuillère à table de sauce Worcestershire
1 cuillère à thé de poudre de chili
2 cuillères à table de fécule de maïs
2 cuillères à table d'eau
2 tasses d'oignons frits, divisés

1. Mettez les côtes dans la mijoteuse. Combinez la sauce piquante, la bière, la moutarde, la sauce Worcestershire et la poudre de chili dans un petit bol. Versez le mélange sur les côtes.

2. Couvrez et cuisez à faible intensité pendant 6 heures (ou à intensité élevée pendant 3 heures) jusqu'à ce que les côtes soient tendres. Transférez les côtes dans un plat de service et gardez-les au chaud. Dégraissez la sauce.

3. Mettez la mijoteuse à intensité élevée. Mélangez la fécule et l'eau dans un petit bol ; versez dans la mijoteuse en brassant. Ajoutez 1 tasse d'oignons frits. Faites cuire pendant 15 minutes ou jusqu'à ce que le mélange ait épaissi. À la cuillère, arrosez les côtes de sauce. Parsemez le reste d'oignons.

Donne 4 à 6 portions

Temps de préparation: 10 minutes
Temps de cuisson: environ 6 heures

Garniture pour taco au chipotle ▶

900 g (2 livres) de bœuf haché maigre
2 tasses d'oignons jaunes hachés
3½ tasses de haricots pinto, en boîte, rincés et égouttés
1 boîte (400 ml - 14 onces) de tomates en dés
avec poivron et oignon, égouttées
2 piments chipotle en sauce adobo, réduits en purée
1 cuillère à table de bouillon de bœuf granulé
1 cuillère à table de sucre
1½ cuillère à thé de cumin moulu
Coquilles à tacos ou tortillas de farine

1. Faites dorer la viande dans une grande poêle antiadhésive à feu moyen-vif, en brassant pour défaire la viande. Égouttez le gras.

2. Combinez la viande, les oignons, les haricots, les tomates, les piments, le bouillon, le sucre et le cumin dans une mijoteuse de 4 à 4½ litres (3½ à 4 pintes). Couvrez et faites cuire à faible intensité pendant 4 heures ou à intensité élevée pendant 2 heures.

3. Servez la garniture dans des coquilles à tacos. Couvrez de laitue en lanières, de salsa, de fromage râpé et de crème sure, si désiré.

Donne 8 portions de garniture

Bœuf en lanières mijoté pour tacos

1 rôti de palette désossé (1,8 à 2 kg - 4 à 4½ livres)
2 sachets (30 g - 1 once chacun) d'épices et assaisonnements
pour taco
1 oignon moyen coupé en deux et tranché
2 cuillères à thé de sel assaisonné

Enlevez et jetez tout le gras de la viande. Placez la viande dans la mijoteuse. Saupoudrez des deux sachets d'assaisonnements et d'épices ; couvrez avec les oignons. Couvrez la mijoteuse et cuisez à faible intensité pendant 8 à 10 heures. Transférez la viande dans un plat et défaites-la à la fourchette. Remettez la viande dans son jus, dans la mijoteuse ; ajoutez le sel assaisonné en brassant. Servez la viande déchiquetée dans des tacos, des burritos, des taquitos, des flautas, sur des petits pains ou sur du riz cuit.

Donne 8 à 10 portions (ou 2 repas pour 4 à 5 personnes)

Temps de préparation : 10 minutes
Temps de cuisson : 8 à 10 heures

Ragoût de bœuf

5 pommes de terre coupées en morceaux
5 carottes coupées en morceaux de 2,5 cm (1 po)
1,3 kg (3 livres) de bœuf à bouillir (en cubes de 4 cm - 1½ po)
4 oignons en quartiers
2 branches de céleri, hachées
1 boîte (environ 800 ml - 28 onces) de tomates en dés, non égouttées
1½ tasse d'eau
1 cuillère à table plus 1½ cuillère à thé de sel
1½ cuillère à thé de paprika
1½ cuillère à thé de sauce Worcestershire
¾ cuillère à thé de poivre noir
1 gousse d'ail émincée
1 feuille de laurier

1. Placez les patates, les carottes, le bœuf, les oignons, le céleri et les tomates avec leur jus dans une mijoteuse de 5,7 litres (5 pintes). Dans un petit bol, mélangez l'eau et les derniers ingrédients de la liste. Ajoutez dans la mijoteuse.

2. Couvrez et cuisez à faible intensité pendant 10 à 12 heures, en brassant une ou deux fois.

Donne 8 portions

Astuce : la viande à ragoût disponible au comptoir des viandes des supermarchés est de loin la coupe idéale pour la cuisson lente. Vous pouvez aussi acheter un rôti de palette ou un rôti d'épaule désossé et le couper vous-même.

Ragoût d'agneau et de haricots du Moyen-Orient

2 cuillères à table d'huile d'olive
1 gigot d'agneau (environ 450 à 680g - 1 à 1½ livre)
4 tasses de bouillon de poulet
5 gousses d'ail écrasées
8 grains de poivre
2 tranches de bacon, hachées
900 g (2 livres) d'agneau à ragoût
½ tasse de farine tout-usage
½ oignon doux moyen, haché
3½ tasses de haricots cannellini, en boîte, rincées et égouttées
2 carottes tranchées
2 à 3 branches de céleri, tranchées en diagonale en morceaux
2,5cm - 1po
¼ tasse de fécule de maïs ou d'arrowroot
¼ tasse d'eau
Sel et poivre
Fines herbes fraîches hachées

1. Chauffez l'huile dans une grande poêle à feu moyen-vif. Faites dorer le gigot d'agneau sur tous les côtés. Placez-le dans une mijoteuse de 5,7 kg (5 pintes). Ajoutez le bouillon de poulet, l'ail et les grains de poivre. Couvrez et cuisez à intensité élevée pendant 2 heures.

2. Mettez le bacon dans la même poêle. Cuisez-le jusqu'à ce qu'il soit croustillant. Transférez le bacon sur une feuille d'essuie-tout; laissez-le tiédir et réduisez-le en miettes. Roulez les morceaux d'agneau dans la farine. Dans la même poêle, ajoutez la moitié des morceaux d'agneau; faites-les dorer sur tous les côtés. Placez l'agneau et le bacon dans la mijoteuse. Faites dorer le reste d'agneau et l'oignon, en ajoutant un peu d'huile, si nécessaire. Ajoutez le mélange d'agneau, les haricots, les carottes et le céleri dans la mijoteuse. Couvrez et cuisez à faible intensité pendant 6 heures.

3. Transférez le gigot d'agneau sur une planche à découper 30 minutes avant de servir. Détachez la viande de l'os; remettez-la dans la mijoteuse. Jetez l'os. Laissez reposer le liquide 5 minutes pour permettre au gras de remonter à la surface. Dégraissez. Mêlez la fécule et l'eau jusqu'à ce que le mélange soit homogène. Brassez dans la mijoteuse. Faites cuire à découvert pendant 30 minutes ou jusqu'à ce que le liquide ait épaissi. Salez et poivrez. Parsemez de fines herbes fraîches hachées.

Donne 4 à 6 portions

Ragoût aux courges d'été ▶

900 g (2 livres) de chair à saucisse italienne à la dinde
4 boîtes (400 ml - 14 onces chacune) de tomates assaisonnées
en dés, non égouttées
5 courges jaunes moyennes, finement tranchées
5 zucchinis moyens, finement hachés
1 oignon rouge, finement émincé
2 cuillères à table d'assaisonnement italien sec
1 cuillère à table d'assaisonnement épicé sans sel aux tomates
séchées, au basilic et à l'ail
2 tasses de mélange de fromage mexicain râpé

1. Faites dorer la chair à saucisse dans une grande poêle antiadhésive à feu moyen-vif, en brassant pour défaire la viande. Égouttez le gras. Combinez la chair à saucisse, les tomates avec leur jus, les courges, les zucchinis, l'oignon et les assaisonnements dans une mijoteuse de 5 pintes et mélangez bien. Couvrez et cuisez à faible intensité 3 à 4 heures.

2. Parsemez le ragoût de fromage ; cuisez à découvert 15 minutes ou jusqu'à ce que le fromage ait fondu.

Donne 6 portions

Légumes d'automne et côtelettes de porc

6 côtelettes de porc, 2 cm (¾ po) d'épaisseur
1 courge poivrée moyenne
¾ tasse de cassonade tassée
3 cuillères à table d'oignons verts hachés
2 cuillères à table de beurre, fondu
2 cuillères à table de jus d'orange
1 cuillère à thé de sauce Worcestershire
1 cuillère à thé de zeste d'orange
¼ cuillère à thé de cannelle moulue
⅛ cuillère à thé de muscade moulue
2 tasses de pois verts surgelés

Coupez la courge en deux, enlevez les graines et coupez chaque moitié en 6 tranches d'environ 15 cm (6 po) d'épaisseur. Placez 6 demi-tranches au fond d'une mijoteuse de 5,7 litres (5 pintes). Placez 3 côtelettes de porc sur les courges et répétez les couches. Combinez le reste des ingrédients, sauf les pois ; versez le mélange sur les courges. Couvrez et cuisez à faible intensité 5 à 6 heures ou jusqu'à ce que le porc et les courges soient tendres. Retirez-les de la mijoteuse et gardez-les au chaud. Ajoutez les pois en brassant dans la mijoteuse. Mettez le réglage à intensité élevée. Couvrez et laissez cuire jusqu'à ce que les pois soient tendres. Égouttez.

Donne 6 portions

Côtelettes de porc de Barbara

1 cuillère à table de beurre
1 cuillère à table d'huile d'olive
6 côtelettes de porc (longe)
1 boîte (284 ml - 10 onces) de crème de poulet condensée, non diluée
1 boîte (125 ml - 4 onces) de champignons, égouttés et hachés
¼ tasse de moutarde de Dijon
¼ tasse de bouillon de poulet
2 gousses d'ail émincées
½ cuillère à thé de sel
½ cuillère à thé de basilic séché
¼ cuillère à thé de poivre noir
6 pommes de terre rouges non pelées, tranchées minces
1 oignon tranché
Persil frais haché

1. Chauffez le beurre et l'huile dans une grande poêle. Faites dorer les côtelettes de porc sur les deux côtés. Mettez en attente.

2. Combinez la soupe, les champignons, la moutarde, le bouillon de poulet, l'ail, le basilic et le poivre dans la mijoteuse. Ajoutez les pommes de terre et l'oignon ; mêlez pour enrober. Placez les côtelettes de porc sur le dessus du mélange de pommes de terre.

3. Couvrez et cuisez à faible intensité 8 à 10 heures ou à intensité élevée 4 à 5 heures. Parsemez de persil juste avant de servir.

Donne 6 portions

Astuce : les soupes condensées sont une façon facile de créer des sauces pour mijoteuse. Elles donnent une saveur concentrée et des sauces onctueuses. Utilisez des soupes condensées non diluées à moins d'indications contraires dans la recette.

Bœuf aux pommes et aux patates douces

1 rôti de palette de bœuf désossé (900 g - 2 livres)
1 boîte (1,1 kg - 40 onces) de patates douces, égouttées
2 petits oignons tranchés
2 pommes, le cœur enlevé et tranchées
½ tasse de bouillon de bœuf
2 gousses d'ail émincées
1 cuillère à thé de sel
1 cuillère à thé de thym séché, divisée
¾ cuillère à thé de poivre, divisée
1 cuillère à table de fécule de maïs
¼ cuillère à thé de cannelle
2 cuillères à table d'eau froide

1. Enlevez le gras et coupez le bœuf en morceaux de 5 cm (2 po). Placez le bœuf, les patates douces, les oignons, les pommes, le bouillon de bœuf, l'ail, le sel, ½ cuillère à thé de thym et ½ cuillère à thé de poivre dans une mijoteuse de 4½ litres (4 pintes). Couvrez et cuisez 8 à 9 heures à faible intensité.

2. Transférez le bœuf, les patates douces et les pommes dans un plat de service; gardez au chaud. Laissez le liquide reposer pendant 5 minutes pour permettre au gras de monter à la surface. Dégraissez.

3. Combinez la fécule, ½ cuillère à thé de thym et ¼ de cuillère à thé de poivre restant, la cannelle et l'eau jusqu'à ce que le mélange soit homogène. Cuisez 15 minutes à intensité élevée ou jusqu'à ce que les jus aient épaissi. Servez la sauce avec le bœuf, les patates et les pommes.

Donne 6 portions

Temps de préparation: 20 minutes
Temps de cuisson: 8 à 9 heures

Ragoût de bœuf aux champignons ▶

450 g (1 livre) de bœuf à ragoût
1 boîte (284 ml - 10 onces) de crème de champignon condensée, non diluée
2 boîtes (125 ml - 4 onces chacune) de champignons tranchés, égouttés
1 sachet (environ 30 ml - 1 once) de mélange déshydraté de soupe à l'oignon

Combinez tous les ingrédients dans une mijoteuse. Couvrez et cuisez à faible intensité 8 à 10 heures. Garnissez au goût.

Donne 4 portions

Suggestion de présentation : servez ce ragoût simple sur des nouilles ou du riz cuits assaisonnés.

Saucisse italienne et poivrons

3 tasses de poivrons en morceaux 2,5 cm (1 po) (de préférence, un mélange de rouges, jaunes et verts*)
1 petit oignon coupé en fines pointes
3 gousses d'ail émincées
450 g (1 livre) de saucisses italiennes épicées ou douces
1 tasse de sauce marinara pour pâtes
¼ tasse de vin rouge ou de porto
1 cuillère à table de fécule de maïs
1 cuillère à table d'eau
Spaghetti cuit, chaud
¼ tasse de fromage parmesan ou romano râpé

1. Vaporisez l'intérieur de votre mijoteuse avec un enduit à cuisson antiadhésif. Placez les poivrons, l'oignon et l'ail dans le fond de la mijoteuse. Disposez les saucisses sur les légumes. Combinez la sauce pour pâtes et le vin ; versez dans la mijoteuse. Couvrez et cuisez à faible intensité 8 à 9 heures ou à intensité élevée 4 à 5 heures ou jusqu'à ce que le centre des saucisses ne soit plus rosé et que les légumes soient tendres.

2. Transférez les saucisses dans un plat de service ; couvrez d'une feuille d'aluminium pour les garder chaudes. Dégraissez et jetez le gras du liquide de la mijoteuse. Augmentez la chaleur à intensité élevée. Mêlez la fécule et l'eau pour obtenir un liquide homogène ; mêlez dans la mijoteuse en brassant. Faites cuire 15 minutes ou jusqu'à ce que la sauce ait épaissi, en brassant une fois. Servez la sauce sur le spaghetti et les saucisses ; couvrez de fromage.

Donne 4 portions

*Recherchez les mélanges de poivrons en morceaux dans la section fruits et légumes de votre supermarché. Ou remplacez par 3 poivrons moyens (peu importe la couleur ou la combinaison) coupés en morceaux.

Porc aux pêches

2 boîtes (environ 425 ml - 15 onces chacune) de pêches tranchées, dans un sirop épais, non égouttées
6 à 8 longes de porc ou côtes de porc désossées (environ 900 g - 2 livres)
1 petit oignon finement tranché
½ tasse de raisins secs dorés
¼ tasse de cassonade dorée tassée
3 cuillères à table de vinaigre de cidre
2 cuillères à table de tapioca
1 cuillère à thé de sel
¾ cuillère à thé de cannelle moulue
¼ cuillère à thé de piments rouges en flocons
2 cuillères à table de fécule de maïs
2 cuillères à table d'eau

1. Coupez les pêches en moitiés. Placez les pêches avec leur jus, les côtes de porc, l'oignon, les raisins, le vinaigre, le tapioca, le sel, la cannelle et les flocons de piment dans la mijoteuse. Couvrez et cuisez à faible intensité 7 à 8 heures.

2. Retirez le porc et mettez-le dans un plat de service chaud. Dégraissez le mélange aux pêches. Mêlez la fécule et l'eau jusqu'à l'obtention d'un liquide homogène; versez dans la mijoteuse en brassant. Cuisez à intensité élevée 15 minutes ou jusqu'à ce que la sauce ait épaissi. Ajustez l'assaisonnement si désiré.

Donne 6 à 8 portions

Temps de préparation: 15 minutes
Temps de cuisson: 7 à 8 heures

Sauerbraten spécial

2 tasses de vin rouge sec
2 tasses de vinaigre de vin rouge
2 tasses d'eau
2 gros oignons tranchés
2 grosses carottes tranchées
¼ tasse de sucre
1 cuillère à table de persil séché
2 cuillères à thé de sel
1 cuillère à thé de graines de moutarde
6 grains de poivre
6 clous de girofle entiers
4 baies de genévriers*
4 feuilles de laurier
1 rôti de haut de ronde de bœuf (environ 2,3 kg - 5 livres)
4 cuillère à table de farine, divisée
1 cuillère à thé de sel
¼ cuillère à thé de poivre noir
2 cuillères à table d'huile
2 cuillères à table de sucre
⅓ tasse de miettes de biscuits au gingembre

1. Mêlez le vin, le vinaigre, l'eau, l'oignon, les carottes, le sucre, le persil, le sel, les graines de moutarde, les grains de poivre, les clous de girofle, les baies de genévrier et les feuilles de laurier dans une casserole moyenne à feu vif. Amenez à ébullition. Réduisez la chaleur à moyen-bas et laissez mijoter 15 minutes. Refroidissez complètement. Placez le rôti dans un large bol en verre ou dans un grand sac de plastique refermable pour la conservation des aliments. Versez le mélange sur le rôti. Couvrez ou scellez le sac. Faites mariner au réfrigérateur jusqu'à 2 jours, retournant le rôti une fois par jour.

2. Enlevez la viande de la marinade. Passez la marinade ; jetez les légumes, mais réservez la marinade. Tamponnez la viande avec du papier essuie-tout. Mêlez 2 cuillères à table de farine, le sel et le poivre dans un petit bol ; enduisez tous les côtés de la viande. Chauffez l'huile dans une grande poêle à feu moyen ; ajoutez la viande et faites dorer tous ses côtés. Placez la viande dans une mijoteuse de 5,7 litres (5 pintes) ; ajoutez 1 ½ tasse de la marinade réservée. Couvrez et cuisez 8 heures à faible intensité.

3. Combinez le sucre, les 2 cuillères à table de farine non utilisées et les miettes de biscuits au gingembre ; ajoutez dans la mijoteuse et bien brasser. Couvrez et cuisez à intensité élevée 30 minutes.

Donne 6 à 8 portions

*Les baies de genévrier sont disponibles dans la section des épices des grands supermarchés.

Côtes de dos de bœuf à la coréenne mijotées

1,8 à 2 kg (4 à 4½ livres) de petites côtes de dos de bœuf
¼ tasse d'oignons verts
¼ tasse de sauce tamari ou de sauce soja
¼ tasse de bouillon de bœuf ou d'eau
1 cuillère à table de cassonade
2 cuillères à thé de gingembre frais émincé
2 cuillères à thé d'ail émincé
½ cuillère à thé de poivre noir
2 cuillères à thé d'huile de sésame foncée
Riz cuit chaud ou pâtes linguini chaudes
2 cuillères à thé de graines de sésame grillées

1. Placez les côtes dans une mijoteuse de 5,7 litres (5 pintes). Combinez l'oignon, le tamari, le bouillon, la cassonade, le gingembre, l'ail et le poivre dans un bol moyen ; mélangez bien et versez sur les côtes. Couvrez et cuisez à faible intensité 7 à 8 heures ou jusqu'à ce que les côtes soient tendres.

2. Enlevez les côtes du liquide de cuisson. Refroidissez légèrement. Enlevez l'excès de gras. Coupez les côtes en petites bouchées et jetez les os et le gras.

3. Laissez le liquide reposer 5 minutes pour permettre au gras de remonter à la surface. Dégraissez.

4. Ajoutez l'huile de sésame au liquide. Remettez le bœuf dans la mijoteuse. Couvrez et cuisez 15 à 30 minutes ou jusqu'à ce que ce soit chaud.

5. Servez avec le riz ; garnissez de graines de sésame grillées.

Donne 6 portions

Temps de préparation : 10 à 15 minutes
Temps de cuisson : 7 à 8 heures

Côtes levées aigre-douce

1,8 kg (4 livres) de côtes levées de porc
2 tasses de sherry sec ou de bouillon de poulet
½ tasse de jus d'ananas, de mangue ou de goyave
⅓ tasse de bouillon de poulet
2 cuillères à table de cassonade dorée, tassée
2 cuillères à table de vinaigre de cidre
2 cuillères à table de sauce soja
1 gousse d'ail, émincée
½ cuillère à thé de sel
¼ cuillère à thé de poivre noir
⅛ cuillère à thé de piment rouge en flocons
2 cuillères à table de fécule de maïs
¼ tasse d'eau

1. Préchauffez le four à 200 °C (400 °F). Disposez les côtes levées sur une feuille d'aluminium dans une lèchefrite peu profonde. Cuisez 30 minutes, en les retournant à mi-cuisson. Retirez-les du four. Coupez la viande en portions de 2 côtes levées. Placez les côtes dans une mijoteuse de 5,7 litres (5 pintes). Ajoutez les autres ingrédients dans la mijoteuse, à l'exception de la fécule de maïs et de l'eau.

2. Couvrez; cuisez 6 heures à faible intensité. Transférez les côtes dans un plat de service; gardez au chaud. Laissez le liquide dans la mijoteuse en attente 5 minutes afin que le gras monte à la surface. Dégraissez.

3. Mêlez la fécule de maïs et l'eau jusqu'à l'obtention d'un mélange lisse. Versez le mélange dans la mijoteuse; mêlez à fond. Cuisez à découvert 15 minutes à intensité élevée ou jusqu'à ce que la sauce soit légèrement épaissie.

Donne 4 portions

Ragoût de veau au raifort ▶

570 g (1¼ livre) de veau maigre, coupez en morceaux de 2,5 cm (1 po)
2 patates douces moyennes, pelées et coupées en morceaux
   de 2,5 cm (1 po)
1 boîte (400 ml - 14 onces) de tomates en dés, non égouttées
1 paquet (300 g - 10 onces) de maïs surgelé, décongelé
1 paquet (275 g - 9 onces) de haricots de Lima surgelés, décongelés
1 gros oignon, haché
1 tasse de bouillon de légumes
1 cuillère à table de poudre de chili
1 cuillère à table de raifort préparé très piquant
1 cuillère à table de miel

1. Mettez tous les ingrédients dans la mijoteuse; mélangez à fond.

2. Couvrez et cuisez à faible intensité de 7 à 8 heures ou jusqu'à ce que le veau soit tendre.

Donne 6 portions

Meilleures côtes levées barbecue

1 cuillère à thé de paprika ou de paprika fumé
1 cuillère à thé de sel
1 cuillère à thé de thym séché
¼ cuillère à thé de poivre noir
⅛ cuillère à thé de piment rouge moulu
1,3 à 1,6 kg (3 à 3½ livres) de petites côtes levées de dos de porc,
   coupées en portions de 4 côtes
¼ tasse de ketchup
2 cuillères à table de cassonade tassée
1 cuillère à table de sauce Worcestershire
1 cuillère à table de sauce soja

1. Vaporisez l'intérieur d'une mijoteuse de 4½ litres (4 pintes) d'un enduit à cuisson antia-dhésif. Combinez le paprika, le sel, le thym, le poivre et le piment; frottez-en les parties charnues des côtes levées. Déposez les côtes dans la mijoteuse. Couvrez et cuisez 7 à 8 heures à faible intensité ou 3 à 3½ heures à intensité élevée, ou jusqu'à ce que la viande soit tendre sans se détacher de l'os.

2. Combinez le ketchup, la cassonade, la sauce Worcestershire et la sauce soja; mélangez bien. Retirez les côtes de la mijoteuse; jetez le bouillon. Enduisez les côtes de sauce; transférez-les dans la mijoteuse. Cuisez 30 minutes à intensité élevée ou jusqu'à ce que les côtes soient glacées.

Donne 6 portions

Macaroni copieux au chili

450 g (1 livre) de bœuf haché maigre
1 boîte (400 ml - 14 onces) de tomates en dés, égouttées
1 tasse d'oignon haché
1 cuillère à table de poudre de chili
1 gousse d'ail, émincée
½ cuillère à thé de sel
½ cuillère à thé de cumin moulu
½ cuillère à thé d'origan séché
¼ cuillère à thé de piment rouge en flocons
¼ cuillère à thé de poivre noir
2 tasses de macaronis cuits

1. Faites dorer le bœuf haché dans une grande poêle antiadhésive à feu moyen-vif, en brassant pour défaire la viande. Égouttez. Mettez le bœuf, les tomates, l'oignon, la poudre de chili, l'ail, le sel, le cumin, l'origan, les flocons de piment et le poivre dans la mijoteuse ; mélangez à fond.

2. Couvrez et cuisez 4 heures à faible intensité.

3. Ajoutez les pâtes en brassant. Couvrez et cuisez 1 heure.

Donne 4 portions

Astuce : une longue cuisson lente avive au maximum la saveur piquante des flocons de piment. Pour atténuer la saveur, ajoutez les flocons de piment durant les dernières 30 minutes de cuisson plutôt qu'au début de la cuisson.

Cigares au chou classiques ▶

6 tasses d'eau
12 grandes feuilles de chou
450 g (1 livre) d'agneau haché maigre
½ tasse de riz cuit
1 cuillère à thé de sel
¼ cuillère à thé d'origan séché
¼ cuillère à thé de muscade moulue
¼ cuillère à thé de poivre noir
1½ tasse de sauce tomate

1. Amenez l'eau à ébullition dans une grande casserole. Éteignez le feu. Trempez les feuilles de chou 5 minutes dans l'eau ; retirez, égouttez et laissez refroidir les feuilles.

2. Combinez l'agneau, le riz, le sel, l'origan, la muscade et le poivre dans un grand bol ; mélangez bien. Déposez 2 cuillères à table du mélange au centre de chaque feuille de chou ; roulez fermement. Placez les cigares au chou dans la mijoteuse, la couture vers le bas. Versez la sauce tomate sur les cigares au chou.

3. Couvrez et cuisez 8 à 10 heures à faible intensité.

Donne 6 portions

Ragoût irlandais

1 tasse de bouillon de poulet sans gras à teneur de sel réduite
1 cuillère à thé de marjolaine séchée
1 cuillère à thé de persil séché
¾ cuillère à thé de sel
½ cuillère à thé de poudre d'ail
¼ cuillère à thé de poivre noir
570 g (1¼ livre) de pommes de terre blanches, pelées et coupées en morceaux de 2,5 cm (1 po)
450 g (1 livre) de viande d'agneau à ragoût (cubes de 2,5 cm - 1 po)
1 tasse de haricots verts coupés surgelés
2 petits poireaux, coupés en deux sur la longueur, puis tranchés dans le sens contraire
1½ tasse de carottes coupées en morceaux

1. Combinez le bouillon, la marjolaine, le persil, le sel, la poudre d'ail et le poivre dans un grand bol ; mélangez bien. Versez le mélange dans la mijoteuse.

2. Alternez en couches les pommes de terre, l'agneau, les haricots, les poireaux et les carottes. Couvrez et cuisez 7 à 9 heures à faible intensité ou jusqu'à ce que l'agneau soit tendre.

Donne 6 portions

Saucisse à l'italienne au riz ▶

450 g (1 livre) de saucisses italiennes douces, coupées en morceaux de 2,5 cm (1 po)
1¾ tasse de haricots Pinto, en boîte, rincés et égouttés
1 tasse de sauce pour pâtes
1 poivron vert, découpé en lanières
1 petit oignon, coupé en deux et tranché
¼ cuillère à thé de sel
½ cuillère à thé de poivre noir
Riz cuit chaud
Basilic frais haché (facultatif)

1. Faites dorer la saucisse dans une grande poêle antiadhésive à feu moyen. Égouttez.

2. Mettez la saucisse, les haricots, la sauce pour pâtes, le poivron, l'oignon, le sel et le poivre dans la mijoteuse. Couvrez et cuisez 4 à 6 heures à faible intensité.

3. Servez avec du riz. Garnissez de basilic, si désiré.

Donne 4 à 5 portions

Temps de préparation : 10 à 15 minutes
Temps de cuisson : 4 à 6 heures

Cocotte de porc de l'Iron Range

1 (1,3 kg - 3 livres) rôti d'épaule de porc désossé
2 cuillères à thé de graines de fenouil, écrasées
1 cuillère à thé de sel
½ cuillère à thé de graines de céleri
½ cuillère à thé de poivre noir moulu
2 grosses pommes de terre, pelées et coupées en tranches de 2 cm (¾ po)
4 gousses d'ail, pelées et tranchées
¾ tasse de bouillon de bœuf (ou d'eau)

Mélangez l'assaisonnement et frottez-en toute la surface du rôti de porc. Faites dorer avec un peu d'huile dans une grande poêle à feu moyen-vif, en retournant souvent la viande pour dorer tous ses côtés. Placez les pommes de terre et l'ail dans une mijoteuse de 3,4 à 4,5 litres (3½ à 4 pintes) ; versez le bouillon et couvrez avec le rôti de porc doré. Couvrez et cuisez 8 à 9 heures à faible intensité, jusqu'à ce que le porc soit très tendre. Tranchez le porc pour le servir avec des légumes et dans son jus.

Donne 6 à 8 portions

Jambon d'automne ▶

6 carottes, coupées en morceaux de 5 cm (2 po)
3 patates douces, en quartiers
680 g (1 ½ livre) de jambon désossé
1 tasse de sirop d'érable

1. Disposez les carottes et les patates au fond de la mijoteuse. Placez le jambon sur les légumes. Versez le sirop sur le jambon et les légumes.

2. Couvrez et cuisez 6 à 8 heures à faible intensité, ou jusqu'à ce que les légumes soient tendres.

Donne 6 portions

Rôti de porc aux canneberges et Dijon

¼ cuillère à thé de quatre-épices
¼ cuillère à thé de sel
¼ cuillère à thé de poivre noir moulu
1 rôti de longe de porc désossé 900 g à 1,1 kg (2 à 2 ½ livres),
**   nettoyé de son excès de gras**
2 cuillères à table de moutarde de Dijon au miel
2 cuillères à table de miel
2 cuillères à table de zeste d'orange frais
1 ⅓ tasse d'oignons frits, divisée
1 tasse de canneberges séchées

1. Combinez le quatre-épices, le sel et le poivre ; saupoudrez-en le rôti. Mettez la viande dans la mijoteuse. Mélangez la moutarde, le miel et le zeste d'orange ; versez sur le rôti. Répandez ⅔ tasse d'oignons frits et les canneberges sur le tout.

2. Couvrez et cuisez 4 à 6 heures à faible intensité (ou 2 à 3 heures à intensité élevée) jusqu'à ce que la viande soit tendre sous la pointe d'une fourchette.

3. Transférez le porc dans un plat de service. Dégraissez la sauce dans la mijoteuse ; transférez la sauce dans une saucière. Tranchez la viande et servez-la nappée de sauce aux fruits ; parsemez-y le reste des oignons.

Donne 6 portions

Note : les temps de cuisson varient selon le modèle de mijoteuse utilisé. Voyez les recommandations du fabricant pour la cuisson d'un rôti de porc.

Temps de préparation : 10 à 15 minutes
Temps de cuisson : 6 heures

Très bon

Pain de viande mexicain ▶

900 g (2 livres) de bœuf haché
   2 tasses de croustilles de maïs écrasées
   1 tasse de fromage cheddar râpé
   ⅔ tasse de salsa
   2 œufs, battus
   ¼ tasse d'assaisonnement à taco

1. Combinez tous les ingrédients dans un grand bol et mélangez-les bien.

2. Façonnez le mélange à la viande en forme de pain et placez-le dans la mijoteuse. Couvrez et faites cuire à faible intensité 8 à 10 heures.

Donne 4 à 6 portions

Conseil : pour glacer le pain de viande, mélangez ½ tasse de ketchup, 2 cuillères à table de cassonade et 1 cuillère à thé de moutarde sèche. Tartinez-en le pain de viande cuit. Couvrez et cuisez 15 minutes à intensité élevée.

Ragoût de bœuf au bacon, oignon et patates douces

450 g (1 livre) de bœuf à ragoût maigre (morceaux de 2,5 cm - 1 po)
   1¾ tasse de bouillon de bœuf
   2 patates douces moyennes, pelées, coupées en morceaux
      de 5 cm (2 po)
   1 gros oignon, coupé en morceaux de 4 cm (1½ po)
   2 tranches de bacon épais, en dés
   1 cuillère à thé de thym séché
   1 cuillère à thé de sel
   ¼ cuillère à thé de poivre noir
   2 cuillères à table de fécule de maïs
   2 cuillères à table d'eau

1. Vaporisez l'intérieur de la mijoteuse d'un enduit à cuisson antiadhésif. Combinez tous les ingrédients dans la mijoteuse, à l'exception de la fécule de maïs et de l'eau ; mélangez bien. Couvrez et cuisez 7 à 8 heures à faible intensité ou 4 à 5 heures à intensité élevée, ou jusqu'à ce que les légumes soient tendres.

2. À l'aide d'une écumoire, transférez le bœuf et les légumes dans un plat de service ; couvrez d'une feuille d'aluminium pour garder au chaud. Réglez la mijoteuse sur intensité élevée. Mélangez la fécule de maïs et l'eau jusqu'à l'obtention d'une solution lisse. Mélangez au jus de cuisson ; couvrez et cuisez 15 minutes ou jusqu'à épaississement. À la louche, versez la sauce sur le bœuf et les légumes.

Donne 4 portions

Poitrine de bœuf mijotée

1 rôti de poitrine de bœuf entièrement paré (environ 2,3 kg - 5 livres)
2 cuillères à thé d'ail émincé
¼ cuillère à thé de poivre noir
2 gros oignons, coupés en tranches de 6 mm (¼ po)
et séparés en rondelles
1 bouteille 350 ml - 12 onces) de sauce chili
1½ tasse de bouillon de bœuf, de bière brune ou d'eau
2 cuillères à table de sauce Worcestershire
1 cuillère à table de cassonade tassée

1. Déposez la poitrine dans la mijoteuse, la face grasse tournée vers le fond. Répartissez également l'ail sur la viande ; poivrez. Répartissez les oignons sur la viande. Combinez la sauce chili, le bouillon, la sauce Worcestershire et la cassonade dans un bol moyen ; versez sur la viande et les oignons. Couvrez et cuisez 8 heures à faible intensité.

2. Retournez la poitrine ; mêlez les oignons à la sauce et, à la louche, arrosez-en la viande. Couvrez et cuisez environ 1 heure ou jusqu'à ce que la poitrine soit tendre. Transférez la viande sur une planche à découper. Couvrez d'une feuille d'aluminium en forme de tente ; laissez en attente 10 minutes *.

3. Brassez le jus dans la mijoteuse. Dégraissez et jetez le gras du jus de cuisson. (Le jus peut être éclairci à l'eau jusqu'à la consistance voulue ou être épaissi en le faisant mijoter à découvert dans une casserole.) Tranchez finement dans le sens contraire du grain de la viande. À la louche, arrosez du jus de cuisson.

Donne 10 à 12 portions

À cette étape de la préparation, la poitrine peut être couverte et réfrigérée une journée avant d'être servie. Pour réchauffer la poitrine, coupez-la en diagonale en tranches minces. Placez les tranches et les jus de cuisson dans une grande poêle. Couvrez et faites cuire à feu moyen-bas jusqu'à ce que ce soit bien chaud.

Bœuf mijoté au mesquite ▶

1 rôti de bœuf de palette désossé (environ 1,8 à 2,3 kg - 4 à 5 livres)
1 tasse de Marinade au mesquite et au jus de lime, divisée
Petits pains, tortillas de farine ou coquilles à tacos (facultatif)

Dégraissez la viande. Placez la viande dans une grosse mijoteuse. Verser ¾ tasse de Marinade au mesquite sur la viande. Couvrez et cuisez 9 à 10 heures à faible intensité. Transférez la viande dans un plat de service et défaites-la à la fourchette. Remettez la viande dans la mijoteuse avec le jus de cuisson ; ajoutez le dernier ¼ tasse de Marinade au mesquite. Servez les lanières de bœuf dans des petits pains chauds, des tortillas de farine ou des coquilles à tacos, si désiré.

Donne 8 à 10 portions (ou deux repas de 4 à 5 portions chacun)

Variante : ajoutez votre macédoine préférée de légumes surgelés durant la dernière heure de cuisson et obtenez un ragoût mijoté.

Temps de préparation : 3 à 4 minutes
Temps de cuisson : 9 à 10 heures

Ragoût de bœuf cajun

1 cuillère à table d'assaisonnement cajun ou « noirci »
450 g (1 livre) de bœuf à ragoût (morceaux de 4 cm - 1½ po)
1 livre de pommes de terre rouges, coupez en morceaux de 4 cm (1½ po)
1 oignon moyen, coupé en fines pointes
1½ tasse de mini-carottes
1¾ tasse de bouillon de bœuf
3 cuillères à table de fécule de maïs
3 cuillères à table d'eau
Persil ou thym haché (facultatif)

1. Vaporisez l'intérieur de la mijoteuse d'enduit à cuisson antiadhésif. Saupoudrez l'assaisonnement sur la viande dans un bol moyen ; tournez la viande pour assaisonner toutes les faces. Placez les pommes de terre, l'oignon, et les carottes au fond de la mijoteuse. Placer la viande sur les légumes. Ajoutez le bouillon. Couvrez et cuisez 7 à 8 heures à faible intensité ou 4 à 5 heures à intensité élevée, ou jusqu'à ce que le bœuf et les légumes soient tendres.

2. À l'aide d'une écumoire, transférez le bœuf et les légumes dans un bol de service ; couvrez d'une feuille d'aluminium pour garder au chaud. Réglez la mijoteuse à intensité élevée. Mélangez la fécule de maïs et l'eau jusqu'à l'obtention d'une solution lisse. Ajoutez au jus de cuisson en brassant ; couvrez et cuisez à intensité élevée 15 à 20 minutes ou jusqu'à épaississement. Salez au goût, si désiré. À la louche, nappez de sauce le bœuf et les légumes.

Donne 4 portions

Cigares au chou ▶

1 gros chou, le cœur enlevé
Sel
1,3 kg (3 livres) de bœuf haché
450 g (1 livre) de chair à saucisse de porc
2 oignons moyens, hachés
1½ tasse de riz cuit
1 œuf
2 cuillères à table de raifort préparé
2 cuillères à table de ketchup
1 sachet (environ 30 g - 1 once) de mélange déshydraté
   de soupe à l'oignon
1 cuillère à table de sel
1 cuillère à thé de quatre-épices moulu
½ cuillère à thé de poudre d'ail
Poivre noir
Sauce pour cigares au chou (recette ci-dessous)

1. Dans une grande marmite remplie à moitié d'eau salée, placez le chou, côté cœur au-dessous. Faites mijoter 5 minutes ou jusqu'à ce que les feuilles extérieures se détachent facilement. Laissez mijoter et tirez pour détacher le reste des feuilles. Mettez les feuilles en attente ; conservez l'eau de cuisson.

2. Mélangez les autres ingrédients, sauf la sauce, dans un grand bol à mélanger. Façonnez des boulettes de 7,5 cm (3 po). Placez une boulette de viande dans une grande feuille de chou ; roulez, repliez la couture et fixez à l'aide d'un cure-dent. Répétez jusqu'à épuisement des boulettes.

3. Placez les cigares dans une mijoteuse de 5,7 litres (5 pintes). Couvrez et cuisez 3 à 4 heures à intensité élevée. Préparez la Sauce à cigares au chou. Nappez de sauce les cigares au chou.

Donne environ 16 portions

Sauce à cigares au chou

3 boîtes (284 ml - 10 onces chacune) de soupe au fromage condensée,
   non diluée
1 boîte (284 ml - 10 onces) de soupe aux tomates condensée, non diluée
2½ tasses d'eau de cuisson du chou, en attente

Chauffez tous les ingrédients dans une casserole moyenne à feu moyen jusqu'à ce que le mélange soit chaud.

Fiesta de riz et de saucisses

900 g (2 livres) de saucisses italiennes piquantes, la membrane enlevée
2 gousses d'ail, émincées
2 cuillères à thé de cumin moulu
4 oignons, hachés
4 poivrons, hachés
3 piments jalapeño, épépinés et émincés*
4 tasses de bouillon de bœuf
2 paquets (environ 170g - 6 onces chacun) de mélange de riz
    à grain long et de riz sauvage

1. Faites dorer la saucisse dans une grande poêle antiadhésive à feu moyen-vif, en brassant pour défaire la viande. Ajoutez l'ail et le cumin ; cuisez 30 secondes. Ajoutez les oignons, les poivrons et les piments jalapeño. Cuisez en brassant environ 10 minutes ou jusqu'à ce que les oignons soient tendres. Placez le mélange dans la mijoteuse.

2. Ajoutez et mélangez le bouillon de bœuf et le riz.

3. Couvrez et cuisez 4 à 6 heures à faible intensité ou 2 à 3 heures à intensité élevée.

Donne 10 à 12 portions

*Les piments jalapeño peuvent piquer et irriter la peau ; portez des gants de caoutchouc quand vous manipulez les piments et ne touchez pas vos yeux. Lavez-vous les mains après les avoir manipulés.

Astuce: quand vous épépinez les piments jalapeño, assurez-vous d'enlever aussi les membranes intérieures. Comme la saveur piquante de tels piments s'accroît durant une longue cuisson lente, il est préférable de retirer les graines et les membranes afin de mieux contrôler le « piquant ».

Fajitas au bifteck mijoté

1 bifteck de flanc (environ 450 g - 1 livre)
1 oignon moyen, coupé en languettes
½ tasse de salsa moyenne
2 cuillères à table de jus de lime frais
2 cuillères à table de coriandre fraîche hachée
2 gousses d'ail, émincées
1 cuillère à table de poudre de chili
1 cuillère à thé de cumin moulu
½ cuillère à thé de sel
1 petit poivron vert, coupé en languettes
1 petit poivron rouge, coupé en languettes
Tortillas de farines, réchauffées
Salsa additionnelle

1. Coupez en deux le bifteck de flanc dans le sens du grain de la viande, puis taillez de fines lanières dans le sens contraire du grain. Combinez l'oignon, ½ tasse de salsa, le jus de lime, la coriandre, l'ail, la poudre de chili, le cumin et le sel dans la mijoteuse.

2. Couvrez et cuisez 5 à 6 heures à faible intensité. Ajoutez les poivrons. Couvrez et cuisez 1 heure à faible intensité.

3. Servez dans des tortillas de farine avec de la sauce additionnelle.

Donne 4 portions

Temps de préparation : 20 minutes
Temps de cuisson : 6 à 7 heures

Paupiettes de bœuf mijotées

**12 tranches de bœuf d'intérieur de ronde, amincies
(5 mm - ¼ po d'épaisseur)
Sel et poivre noir
Poivre d'ail
4 cuillères à table de moutarde de Dijon
1½ tasse d'oignons hachés
1½ tasse de cornichons sucrés hachés
Enduit à cuisson antiadhésif en aérosol
¼ tasse (½ bâtonnet) de beurre
5 cuillères à table de farine tout-usage
3½ tasses de bouillon de bœuf
2 tasses de mini-carottes
4 branches de céleri, coupées en morceaux de 2,5 cm (1 po)**

1. Placez une tranche de bœuf sur la planche à découper ; assaisonnez de sel, de poivre et de poivre d'ail. Étalez environ 1 cuillère à thé de moutarde ; ajoutez 2 cuillères à table d'oignons et autant de cornichons. En commençant par un petit bout de la paupiette, roulez-la d'un tiers sur elle-même ; repliez les côtés longs, puis roulés fermement. Fixez avec un cure-dent. Répétez avec les autres tranches, le sel, le poivre, le poivre d'ail, les oignons et les cornichons.

2. Vaporisez une grande poêle antiadhésive d'enduit à cuisson. Faites dorer à feu moyen-vif de petits groupes de paupiettes roulées sur toutes leurs faces. Retirez-les de la poêle.

3. Dans la même poêle, faites fondre le beurre. Mélangez-y la farine, puis le bouillon de bœuf. Faites cuire en brassant jusqu'à épaississement du mélange.

4. Versez la moitié du mélange de bouillon dans la mijoteuse. Ajoutez les carottes et le céleri. Couvrez avec les paupiettes ; versez l'autre moitié du mélange de bouillon sur la viande.

5. Couvrez et cuisez 8 à 10 heures à faible intensité ou 4 à 5 heures à intensité élevée jusqu'à ce que le bœuf et les carottes soient tendres.

Donne 6 à 8 portions

Ratatouille méditerranéenne aux boulettes de viande

450 g (1 livre) de chair à saucisse italienne douce, membrane enlevée
1 paquet (225 g - 8 onces) de champignons tranchés
1 petite aubergine, en dés
1 zucchini, en dés
½ oignon, haché
1 gousse d'ail, émincée
1 cuillère à thé d'origan séché, divisée
1 cuillère à thé de sel, divisée
½ cuillère à thé de poivre noir, divisée
2 tomates, en dés
2 cuillères à table de pâte de tomate
2 cuillères à table de basilic frais haché
1 cuillère à thé de jus de citron frais

1. Façonnez la chair à saucisse en boulettes de viande de 2,5 cm (1 po). Faites dorer les boulettes dans une grande poêle antiadhésive à feu moyen. Placez la moitié des boulettes dans la mijoteuse. Ajoutez la moitié des champignons, de l'aubergine et du zucchini. Couvrez avec l'oignon, l'ail, ½ cuillère à thé d'origan, ½ cuillère à thé de sel et ¼ de cuillère à thé de poivre.

2. Ajoutez le reste des boulettes, puis le reste des champignons, de l'aubergine, de la courgette, ½ cuillère à thé d'origan, ½ cuillère à thé de sel et ¼ de cuillère à thé de poivre. Couvrez et cuisez à faible intensité de 6 à 7 heures.

3. En brassant, ajoutez les tomates en dés et la pâte de tomate. Couvrez et cuisez 15 minutes à intensité élevée. En brassant, ajoutez le basilic et le jus de citron ; servez

Donne 6 portions (1⅔ tasse)

Côtes mijotées à la sauce à l'orange

1,8 kg (4 livres) de côtes levées de porc
2 cuillères à table d'huile végétale
2 oignons moyens, coupés en tranches de 5 mm (¼ po)
1 à 2 cuillères à table de chilis ancho, épépinés et hachés finement
¼ cuillère à thé de cannelle moule
¼ cuillère à thé de clou de girofle moulu
1 boîte (environ 455 g - 16 onces) de tomates, non égouttées
2 gousses d'ail
½ tasse de jus d'orange
⅓ tasse de vin blanc sec
⅓ tasse de cassonade tassée
1 cuillère à thé de zeste d'orange frais
½ cuillère à thé de sel
1 à 2 cuillères à table de vinaigre de cidre
Quartiers d'orange (facultatif)

1. Dégraissez les côtes. Coupez en côtes individuelles. Chauffez l'huile dans un grande poêle à feu moyen. Ajoutez les côtes ; cuisez-les 10 minutes ou jusqu'à ce qu'elles soient entièrement dorées. Transférez dans une assiette. Jetez le gras de cuisson de la poêle, sauf 2 cuillères à table. Ajoutez les oignons, les chilis, la cannelle et le clou de girofle. Cuisez en brassant 4 minutes ou jusqu'à ce que les oignons soient attendris. Transférez le mélange d'oignons dans une mijoteuse de 5,7 litres (5 pintes).

2. Mettez les tomates dans leur jus et l'ail dans un robot de cuisine ou un mélangeur pour obtenir un mélange lisse. Combinez le mélange de tomates, le jus d'orange, le vin, la casso-nade, le zeste d'orange et le sel dans la mijoteuse. Ajoutez les côtes ; mélangez pour enduire le tout.

3. Couvrez et cuisez à intensité faible pendant 5 heures ou jusqu'à ce que la viande soit tendre sous la pointe d'une fourchette. Transférez les côtes dans les assiettes. À la louche, transférez le jus de cuisson dans un bol moyen. Laissez en attente 5 minutes. Dégraissez. Ajoutez le vinaigre au jus en brassant ; nappez de sauce les côtes. Garnissez de quartiers d'orange, si désiré.

Donne 4 à 6 portions

Ragoût de pizza mijoté

680 g (1½ livre) de bœuf haché
450 g (1 livre) de chair à saucisse de porc
4 pots (400 ml - 14 onces chacun) de sauce à pizza
2 tasses de fromage mozzarella râpé
2 tasses de fromage parmesan râpé
2 boîtes (125 ml - 4 onces chacune) de pieds et de morceaux de champignons, égouttés
2 paquets (90 g - 3 onces chacun) de pepperoni tranché
½ tasse d'oignon finement haché
½ tasse de poivron vert finement haché
1 gousse d'ail, émincée
450 g (1 livre) de pâtes rotini, cuites et égouttées

1. Faites dorer le bœuf et la chair à saucisse dans une grande poêle antiadhésive à feu moyen-vif, en brassant pour défaire la viande. Égouttez. Placez les viandes dans la mijoteuse. Ajoutez-y tous les autres ingrédients, sauf les pâtes ; mélangez à fond.

2. Couvrez et cuisez 3½ heures à faible intensité ou 2 heures à intensité élevée. Ajoutez les pâtes en brassant. Couvrez et cuisez 30 minutes ou jusqu'à ce que les pâtes soient chaudes.

Donne 6 portions

Bœuf en lanières à la mexicaine

1 rôti d'épaule de bœuf désossé (environ 1,3 kg - 3 livres)
1 cuillère à table de cumin moulu
1 cuillère à table de coriandre moulue
1 cuillère à table de poudre de chili
1 cuillère à thé de sel
½ cuillère à thé de piment rouge moulu
1 tasse de salsa ou de sauce picante
2 cuillères à table d'eau
1 cuillère à table de fécule de maïs

1. Coupez le rôti en deux. Combinez le cumin, la coriandre, la poudre de chili, le sel et le piment rouge dans un petit bol. Frottez-en le rôti. Versez ¼ tasse de salsa dans la mijoteuse ; ajoutez une moitié du rôti. Alternez ¼ tasse de salsa, l'autre moitié du rôti et ½ tasse de salsa dans la mijoteuse. Couvrez et cuisez 8 à 10 heures à faible intensité ou jusqu'à ce que la viande soit tendre.

2. Retirez le rôti du jus de cuisson ; laissez refroidir un peu. Nettoyez et jetez le surplus de gras du bœuf. Défaites la viande à l'aide de deux fourchettes.

3. Laissez le jus de cuisson en attente pendant 5 minutes pour laisser le gras remonter à la surface. Dégraissez. Mélangez la fécule de maïs et l'eau jusqu'à l'obtention d'une solution lisse. Fouettez dans le jus de cuisson de la mijoteuse. Cuisez à découvert 15 minutes à intensité élevée jusqu'à épaississement. Remettez le bœuf dans la mijoteuse. Couvrez et cuisez 15 minutes ou jusqu'à ce que ce soit chaud. Ajustez l'assaisonnement, si désiré. Servez comme garniture à tacos, à fajitas ou à burritos. Les restes du bœuf peuvent être réfrigérés jusqu'à 3 jours ou congelés jusqu'à 3 mois.

Donne 5 tasses de garniture

Temps de préparation : 12 minutes
Temps de cuisson : 8 à 10 heures

Poulet à la saucisse italienne

285 g (10 onces) de chair à saucisse italienne douce ou piquante
6 cuisses de poulet désossées et sans peau
1¾ tasse de haricots cannellini ou Great Northern, en boîte, rincés et égouttés
1¾ tasse de haricots rouges, en boîte, rincés et égouttés
1 tasse de bouillon de poulet
1 oignon moyen, haché
1 cuillère à thé de poivre noir
½ cuillère à thé de sel
Persil frais haché

1. Faites dorer la chair à saucisse dans une grande poêle à feu moyen-vif, en brassant pour défaire la viande. Égouttez. À la cuillère, transférez la chair à saucisse dans la mijoteuse.

2. Dégraissez le poulet. Mettez le poulet, les haricots, le bouillon, l'oignon, le poivre et le sel dans la mijoteuse. Couvrez et cuisez 5 à 6 heures à faible intensité.

3. Ajustez l'assaisonnement, si désiré. Tranchez chaque cuisse de poulet en diagonale. Servez avec la saucisse et les haricots. Garnissez de persil, si désiré.

Donne 6 portions

Temps de préparation: 15 minutes
Temps de cuisson: 5 à 6 heures

Poulet aux cajous à la chinoise

(9)

450 g (1 livre) de germes de soja frais ou 1 boîte (500 ml - 16 onces)
de germes de soja, égouttés
2 tasses de poulet cuit tranché
1 boîte (284 ml - 10 onces) de crème de champignons
condensée, non diluée
1 tasse de céleri tranché
½ tasse d'oignons verts hachées
1 boîte (125 g - 4 onces) de champignons tranchés, égouttés
3 cuillères à table de beurre
1 cuillère à table de sauce soja
1 tasse de cajous entiers
Riz cuit chaud

1. Combinez les germes de soja, le poulet, la crème de champigons, le céleri, l'oignon, les champignons, le beurre et la sauce soja dans la mijoteuse; mélangez à fond.

2. Couvrez et cuisez 4 à 6 heures à faible intensité ou 2 à 3 heures à intensité élevée.

3. Ajoutez les cajous en brassant tout juste avant de servir. Accompagnez de riz.

Donne 4 portions

Ragoût italien

400 ml (1¾ tasse) de bouillon de poulet
1 boîte (400 ml - 14 onces) de tomates italiennes étuvées
aux poivrons et aux oignons, non égouttées
250 g (½ livre) de saucisses de poulet épicées cuites, tranchées
2 carottes, tranchées minces
2 petits zucchinis, tranchés
1¾ tasse de haricots Great Northern, cannellini ou blancs, en boîte,
rincés et égouttés
2 cuillères à table de basilic frais haché (facultatif)

1. Vaporisez l'intérieur de la mijoteuse d'enduit à cuisson antiadhésif. Combinez tous les ingrédients, à l'exception des haricots et du basilic, dans la mijoteuse. Couvrez et cuisez 6 à 7 heures à faible intensité ou 3 à 4 heures à intensité élevée, ou jusqu'à ce que les légumes soient tendres.

2. Réglez la mijoteuse sur intensité élevée; ajoutez les haricots en brassant. Couvrez et cuisez 10 à 15 minutes ou jusqu'à ce que les haricots soient bien chauds. À la louche, servez dans des bols peu profonds; garnissez de basilic, si désiré.

Donne 4 portions

Dinde farcie aux pacanes et aux cerises

**1 poitrine de dinde désossée fraîche ou surgelée
(environ 1,3 à 1,8 kg - 3 à 4 livres)**
2 tasses de riz cuit
⅓ tasse de pacanes hachées
⅓ tasse de cerises ou de canneberges séchées
1 cuillère à thé d'assaisonnement à volaille
¼ tasse de confiture de pêches, d'abricots ou de prunes
1 cuillère à thé de sauce Worcestershire

1. Décongelez la poitrine de dinde, si elle est surgelée. Enlevez et jetez la peau. Pratiquez des entailles dans la chair aux trois quarts de son épaisseur à 2,5 cm (1 po) d'intervalle.

2. Mélangez le riz, les pacanes, les cerises et l'assaisonnement à volaille dans un grand bol. Farcissez les entailles du mélange de riz. Au besoin, embrochez la dinde dans le sens de la longueur pour qu'elle conserve sa forme.

3. Placez la dinde dans la mijoteuse. Couvrez et cuisez 5 à 6 heures à intensité élevée ou jusqu'à ce que le thermomètre à viande, piqué dans la partie la plus épaisse de la poitrine et sans toucher la farce, indique 77 °C (170 °F).

4. Mélangez la confiture et la sauce Worcestershire. Répandez à la cuillère sur la dinde. Couvrez ; laissez en attente 5 minutes. Retirez les brochettes avant de servir.

Donne 8 portions

Suggestion de présentation : servez avec des pointes d'asperges, des croissants et une salade d'épinards.

Temps de préparation : 20 minutes
Temps de cuisson : 5 à 6 heures
Temps d'attente : 5 minutes

Pilaf à la saucisse de poulet ▶

450 g (1 livre) de saucisses de poulet ou de dinde, la membrane enlevée
1 tasse de riz et de pâtes en mélange non cuit
4 tasses de bouillon de poulet
2 branches de céleri, en dés
¼ tasse d'amandes tranchées
Sel et poivre noir

1. Faites dorer la saucisse dans une grande poêle antiadhésive à feu moyen, en brassant pour défaire la viande. Égouttez. Ajoutez le mélange de riz et de pâtes dans la poêle. Cuisez 1 minute.

2. Mettez le mélange et la saucisse dans la mijoteuse. Ajoutez le bouillon, le céleri, les amandes, le sel et le poivre dans la mijoteuse; mélangez à fond.

3. Couvrez et cuisez 7 à 10 heures à faible intensité ou 3 à 4 heures à intensité élevée, ou jusqu'à ce que le riz soit tendre.

Donne 4 portions

Arroz con Pollo

6 cuisses de poulet, sans peau
1¾ tasse de bouillon de poulet
400 ml (14 onces) de tomates étuvées
1 paquet (285 g - 10 onces) de pois verts surgelés
1 paquet (225 g - 8 onces) de mélange de riz jaune à l'espagnole
1½ tasse d'oignons frits, divisée

1. Vaporisez l'intérieur de la mijoteuse d'enduit à cuisson antiadhésif. Combinez le poulet, le bouillon et les tomates dans la mijoteuse. Couvrez et cuisez 4 à 5 heures à faible intensité (ou 2 à 2½ heures à intensité élevée) jusqu'à ce que le poulet soit tendre sous la pointe d'une fourchette.

2. En brassant, ajoutez les pois et le mélange de riz. Couvrez et cuisez 2 à 3 heures à faible intensité (ou 1 à 1½ heure à intensité élevée) jusqu'à ce que le riz soit cuit et que tout le liquide ait été absorbé. Ajoutez, en brassant, ¾ tasse d'oignons frits. À la louche, servez dans des bols; garnissez du reste des oignons.

Donne 6 portions

Note : les temps de cuisson varient selon les modèles de mijoteuse utilisés. Vérifiez les recommandations du fabricant relatives à la cuisson du poulet et du riz.

Temps de préparation : 10 minutes
Temps de cuisson : 8 heures

Poulet facile au parmesan

- **1 tasse de champignons, tranchés**
- **1 oignon moyen, coupé en quartiers**
- **1 cuillère à table d'huile d'olive**
- **4 poitrines de poulet désossées et sans peau**
- **1 bocal (735 g - 26 onces) de sauce pour pâtes**
- **½ cuillère à thé de basilic séché**
- **¼ cuillère à thé d'origan séché**
- **1 feuille de laurier**
- **½ tasse de fromage mozzarella partiellement écrémé râpé**
- **¼ tasse de fromage parmesan râpé**
- **Spaghetti cuit chaud**

1. Déposez les champignons et l'oignon dans la mijoteuse.

2. Chauffez l'huile dans une grande poêle à feu moyen-vif jusqu'à ce qu'elle soit chaude. Faites dorer légèrement le poulet sur les deux côtés. Mettez le poulet dans la mijoteuse. Versez la sauce pour pâtes sur le poulet ; ajoutez les herbes. Couvrez et cuisez 6 à 7 heures à faible intensité ou 3 à 4 heures à intensité élevée, ou jusqu'à ce que le poulet soit tendre. Retirez et jetez la feuille de laurier.

3. Saupoudrez les fromages sur le poulet. Cuisez à découvert 15 à 30 minutes à faible intensité ou jusqu'à ce que les fromages aient fondu. Servez sur les spaghettis.

Donne 4 portions

Note : d'autres légumes, comme le zucchini tranché, l'aubergine en cubes et les bouquets de brocoli, peuvent être substitués aux champignons.

Temps de préparation : 10 minutes
Temps de cuisson : 6 à 7 heures

Dinde Mu Shu   ▶

1 boîte (500 ml - 16 onces) de prunes, égouttées et dénoyautées
½ tasse de jus d'orange
¼ tasse d'oignon finement haché
1 cuillère à table de gingembre frais émincé
¼ cuillère à thé de cannelle moulue
450 g (1 livre) de poitrine de dinde désossée, coupée en fines lanières
6 (18 cm - 7 po) tortillas de farine
3 tasses de mélange à salade de chou

1. Mettez les prunes dans un mélangeur ou un robot de cuisine. Couvrez et transformez jusqu'à l'obtention d'un mélange presque lisse. Combinez les prunes, le jus d'orange, l'oignon, le gingembre et la cannelle dans la mijoteuse ; mélangez à fond.

2. Placez la dinde sur le mélange aux prunes. Couvrez et cuisez 3 à 4 heures à faible intensité.

3. Retirez la dinde de la mijoteuse. Répartissez également entre les tortillas. Nappez chaque portion de dinde d'environ deux cuillères de sauce aux prunes ; ajoutez ½ tasse du mélange de salade de chou sur chaque portion de dinde. Roulez le bord inférieur de la tortilla sur la garniture ; repliez les côtés de la tortilla. Roulez complètement la tortilla autour de la garniture. Répétez. Utilisez le reste de la sauce aux prunes en guise de trempette.

Donne 6 portions

Cuisses de dinde à la moutarde sucrée et jalapeño

3 cuisses de dinde, sans peau
¾ tasse de moutarde au miel
½ tasse de jus d'orange
1 cuillère à table de vinaigre de cidre
1 cuillère à thé de sauce Worcestershire
1 ou 2 piments jalapeño frais, hachés fins
1 gousse d'ail, émincée
½ cuillère à thé de zeste d'orange frais

Disposez les cuisses de dinde en une seule couche dans la mijoteuse. Combinez les autres ingrédients dans un grand bol. Versez le mélange sur les cuisses de dinde. Couvrez et cuisez 5 à 6 heures à faible intensité ou jusqu'à ce que la dinde soit tendre.

Donne 6 portions

Poulet campagnard mijoté à la française

1 oignon moyen, haché
4 carottes, en tranches de 6 mm (¼ po)
4 branches de céleri, tranchées
6 à 8 poitrines de poulet désossées et sans peau
   (environ 680 à 900 g - 1½ à 2 livres)
1 cuillère à thé d'estragon séché
1 cuillère à thé de thym séché
   Sel et poivre noir
1 boîte (284 ml - 10 onces) de crème de poulet condensée, non diluée
1 sachet (environ 30 g - 1 once) de mélange déshydraté de soupe
   à l'oignon
⅓ tasse de vin blanc ou de jus de pomme
2 cuillères à table de fécule de maïs
   Riz cuit chaud

1. Mettez l'oignon, les carottes et le céleri dans la mijoteuse. Disposez le poulet sur les légumes. Saupoudrez l'estragon, le thym, le sel et le poivre.

2. Versez la crème de poulet sur la volaille. Saupoudrez le mélange déshydraté de soupe. Couvrez et cuisez à intensité élevée pendant 3 à 4 heures, en brassant une fois durant la cuisson.

3. Mêlez le vin et la fécule de maïs dans un petit bol jusqu'à l'obtention d'un mélange lisse. Ajoutez à la mijoteuse en brassant. Cuisez à découvert 15 minutes ou jusqu'à épaississement de la sauce. Servez sur le riz.

Donne 6 à 8 portions

Poulet mexicain au cumin

1 paquet (16 onces) de mélange de poivrons frits surgelés, décongelés ou 3 poivrons, tranchés fins*
4 pilons de poulet
4 hauts de cuisse de poulet
1 boîte (400 ml - 14 onces) de tomates étuvées
1 cuillère à table de sauce douce aux piments verts
2 cuillères à thé de sucre
1¾ cuillère à thé de cumin moulu, divisée
1¼ cuillère à thé de sel
1 cuillère à thé d'origan séché
¼ tasse de coriandre frais haché
1 ou 2 limes moyennes, coupées en quartiers

1. Mettez le mélange de poivrons dans la mijoteuse ; disposez le poulet sur les poivrons.

2. Combinez les tomates, la sauce aux piments, le sucre, 1 cuillère à thé de cumin, le sel et l'origan dans un grand bol. Versez le mélange sur le poulet. Couvrez et cuisez 8 heures à faible intensité ou 4 heures à intensité élevée, ou jusqu'à ce que la chair commence à se détacher de l'os.

3. Transférez le poulet dans un bol de service peu profond. Ajoutez ¾ de cuillère à thé de cumin au mélange de tomates en brassant et versez sur le poulet. Parsemez la coriandre et servez avec les quartiers de lime.

Donne 4 portions

Suggestion de présentation : servez le poulet sur un lit de riz ou accompagné de tortillas de maïs grillées.

*Si vous utilisez des poivrons frais, ajoutez un petit oignon haché.

Dinde et macaroni ▶

> 1 cuillère à thé d'huile végétale
> 680 g (1 ½ livre) de dinde maigre hachée
> 2 boîtes (284 ml - 10 onces chacune) de soupe aux tomates
> 　condensée, non diluée
> 1 boîte (500 ml - 16 onces) de maïs, égoutté
> ½ tasse d'oignon haché
> 1 boîte (125 ml - 4 onces) de champignons tranchés, égouttés
> 2 cuillères à table de ketchup
> 1 cuillère à table de moutarde
> 　Sel et poivre noir
> 2 tasses de macaroni, cuit et égoutté

1. Chauffez l'huile dans une grande poêle antiadhésive à feu moyen-vif. Faites dorer la dinde, en brassant pour défaire la viande. Transférez la dinde dans la mijoteuse.

2. Ajoutez la soupe, le maïs, l'oignon, les champignons, le ketchup, la moutarde, le sel et le poivre dans la mijoteuse ; mélangez à fond.

3. Couvrez et cuisez 6 à 8 heures à faible intensité ou 3 à 4 heures à intensité élevée. Ajoutez le macaroni en brassant. Couvrez et cuisez 30 minutes.

Donne 4 à 6 portions

Cuisses de poulet à la thaïlandaise

> 1 cuillère à thé de gingembre moulu
> ½ cuillère à thé de sel
> ¼ cuillère à thé de piment rouge moulu
> 6 cuisses de poulet avec l'os (environ 1 kg - 2 ¼ livres), sans peau
> 1 oignon moyen, haché
> 3 gousses d'ail, émincées
> ⅓ tasse de lait de noix de coco en boîte
> ¼ tasse de beurre d'arachides
> 2 cuillères à table de sauce soja
> 1 cuillère à table de fécule de maïs
> 2 cuillères à table d'eau
> 3 tasses de couscous ou de riz jaune, cuit et chaud
> ¼ tasse de coriandre hachée

Suite p 126

Cuisses de poulet à la thaïlandaise, suite

1. Vaporisez l'intérieur de la mijoteuse d'enduit à cuisson antiadhésif. Combinez le gingembre, le sel et le poivre ; saupoudrez-en les parties charnues du poulet. Mettez l'oignon et l'ail dans la mijoteuse ; couvrez avec le poulet. Fouettez ensemble le lait de coco, le beurre d'arachides et la sauce soja ; versez le mélange sur le poulet. Couvrez et cuisez 6 à 7 heures à faible intensité ou 3 à 4 heures à intensité élevée, ou jusqu'à ce que le poulet soit tendre.

2. À l'écumoire, transférez le poulet dans un bol de service ; couvrez d'une feuille d'aluminium pour garder au chaud. Réglez la mijoteuse à intensité élevée. Brassez la fécule de maïs et l'eau jusqu'à l'obtention d'un mélange lisse. Mélangez au jus de cuisson en brassant ; couvrez et cuisez 15 minutes ou jusqu'à ce que la sauce ait légèrement épaissi. Nappez la sauce sur le poulet. Servez le poulet sur un lit de couscous ; garnissez de coriandre. Garnissez de quartiers de lime, si désiré.

Donne 6 portions

Poulet et farce ▶

½ tasse de farine tout-usage
¾ cuillère à thé de sel assaisonné
¾ cuillère à thé de poivre noir
4 à 6 poitrines de poulet désossées et sans peau
   (environ 450 à 680 g - 1 à 1½ livre)
¼ tasse (½ bâtonnet) de beurre
2 boîtes (284 ml - 10 onces chacune) de crème de champignons condensée, non diluée
1 paquet (340 g - 12 onces) de mélange à farce assaisonné et suivre les indications pour composer la farce

1. Combinez la farine, le sel assaisonné et le poivre dans un grand sac de plastique refermable pour la conservation des aliments ; ajoutez le poulet. Refermez le sac ; secouez pour enduire le poulet du mélange de farine.

2. Faites fondre le beurre dans une grande poêle à feu moyen-bas. Faites dorer le poulet sur les deux côtés. Mettez le poulet dans la mijoteuse ; versez la crème sur le poulet.

3. Préparez la farce selon les indications sur le paquet, en réduisant le liquide de moitié. Répartissez la farce sur le poulet. Couvrez et cuisez 3 à 4 heures à température élevée ou jusqu'à ce que le poulet soit tendre.

Donne 4 à 6 portions

Poulet à la noix de coco et au cari ▶

1 cuillère à table d'huile végétale
4 poitrines de poulet désossées et sans peau
3 pommes de terre moyennes, pelées et hachées
1 oignon moyen, tranché
1 boîte (400 ml - 14 onces) de lait de noix de coco
1 tasse de bouillon de poulet
1½ cuillère à thé de poudre de cari
1 cuillère à thé de sauce au piment piquante
½ cuillère à thé de sel
½ cuillère à thé de poivre noir
1 paquet (285 g - 10 onces) de pois verts surgelés, décongelés

1. Chauffez l'huile dans une grande poêle à feu moyen-vif. Faites dorer le poulet sur les deux côtés. Mettez les pommes de terre et l'oignon dans la mijoteuse. Couvrez avec le poulet.

2. Combinez le lait de coco, le bouillon, la poudre de cari, la sauce au piment, le sel et le poivre dans un bol moyen. Versez le mélange sur le poulet. Couvrez et cuisez 6 à 8 heures à faible intensité.

3. Environ 30 minutes avant de servir, ajoutez les pois dans la mijoteuse. Servez sur un lit de riz cuit chaud, si désiré.

Donne 4 portions

Poulet au chutney et au yogourt

1 contenant (170 à 225 g - 6 à 8 onces) de yogourt nature faible en gras
2 cuillères à thé de poudre de cari
1 cuillère à thé de sel d'ail
⅛ cuillère à thé de piment rouge moulu
4 poitrines de poulet avec os et sans peau (900 à 1 kg - 2 à 2¼ livres)
1 petit oignon, tranché
⅓ tasse de chutney à la mangue (coupez de gros morceaux de mangue, au besoin)
1 cuillère à table de jus de lime
2 gousses d'ail, émincées
2 cuillères à table de fécule de maïs
2 cuillères à table d'eau
3 tasses de pâtes lo mein ou de linguini, cuites
Coriandre hachée, arachides hachées ou noix de coco grillée pour la garniture

Suite p 130

Poulet au chutney et au yogourt, suite

1. Vaporisez l'intérieur de la mijoteuse d'enduit à cuisson antiadhésif. Mettez le yogourt dans un tamis tapissé avec une feuille d'essuie-tout au-dessus d'un bol. Laissez égoutter au réfrigérateur jusqu'au moment de servir.

2. Saupoudrez la poudre de cari, le sel d'ail et le poivre sur le poulet. Mettez l'oignon au fond de la mijoteuse ; couvrez avec le poulet. Combinez le chutney, le jus de lime et l'ail dans un bol ; versez à la cuillère sur le poulet. Couvrez et cuisez 5 à 6 heures à faible intensité ou 2½ à 3 heures à intensité élevée, ou jusqu'à ce que le poulet soit tendre.

3. Avec une écumoire, transférez le poulet dans un plat de service ; couvrez d'une feuille d'aluminium pour garder au chaud. Réglez la mijoteuse à intensité élevée. Combinez la fécule de maïs et l'eau jusqu'à l'obtention d'un mélange lisse. Ajoutez au jus de cuisson en brassant ; couvrez et cuisez 15 minutes ou jusqu'à épaississement. Nappez le poulet de sauce ; servez sur les pâtes. Couronnez de yogourt raffermi et garnissez à votre goût.

Donne 4 portions

Poulet mijoté au fromage ▶

6 poitrines de poulet désossées et sans peau (environ 680 g - 1½ livre)
Sel
Poivre noir
Poudre d'ail
2 boîtes (284 ml - 10 onces chacune) de crème de poulet condensée, non diluée
1 boîte (284 ml - 10 onces) de crème au cheddar condensée, non diluée
Persil frais haché (facultatif)

1. Disposez 3 poitrines de poulet dans la mijoteuse. Saupoudrez de sel, de poivre et de poudre d'ail. Répétez avec les 3 autres poitrines et l'assaisonnement.

2. Combinez les crèmes dans un bol moyen ; versez sur le poulet. Couvrez et cuisez 6 à 8 heures à faible intensité ou jusqu'à ce que le poulet soit tendre. Garnissez de persil, si désiré.

Donne 6 portions

Suggestion de présentation : servez ce poulet au fromage sur des pâtes, du riz ou des pommes de terre en purée.

Ragoût de dinde aux champignons

450 g (1 livre) de dinde, coupées en languettes
de 10 cm x 2,5 cm (4 po x 1 po)
1 petit oignon, tranché fin
2 cuillères à table d'oignons verts émincés
1 tasse de champignons, tranchés
2 à 3 cuillères à table de farine tout-usage
1 tasse de moitié-moitié ou de lait
1 cuillère à thé de sel
1 cuillère à thé d'estragon séché
Poivre noir
½ tasse de pois verts surgelés
½ tasse de crème sure
Vol-au-vent

1. En couches alternées, mettez la dinde, l'oignon et les champignons dans la mijoteuse. Couvrez et cuisez 4 heures à faible intensité.

2. Transférez la dinde et les légumes dans un bol de service. Mêlez la farine, le moitié-moitié, le sel, l'estragon et le poivre jusqu'à l'obtention d'un mélange lisse. Ajoutez à la mijoteuse en brassant. Remettez les légumes et la dinde dans la mijoteuse. Ajoutez les pois en brassant. Couvrez et cuisez 30 à 45 minutes à intensité élevée ou jusqu'à ce que la sauce ait épaissi et que les pois soient chauds.

3. Ajoutez la crème sure en brassant juste avant de servir. Servez dans des vol-au-vent.

Donne 4 portions

Astuce : évitez de cuire de grandes quantités de légumes surgelés dans la mijoteuse. Quand ils sont ajoutés en début de cuisson, ils peuvent retarder le passage à la température sécuritaire (60° - 140 °F). Il est préférable de décongeler les légumes surgelés ou de les ajouter en petites quantités à la fin de la cuisson.

Poulet continental ▶

1 paquet (65 g - 2¼ onces) de bœuf séché, coupé en morceaux
4 poitrines de poulet désossées et sans peau (environ 450 g - 1 livre)
4 tranches de bacon maigre
1 boîte (284 ml - 10 onces) de crème de champignons condensée
    non diluée
¼ tasse de farine tout-usage
¼ tasse de crème sure faible en gras
    Pâtes cuites chaudes

1. Vaporisez l'intérieur de la mijoteuse d'enduit à cuisson antiadhésif. Mettez le bœuf séché au fond de la mijoteuse. Entourez chaque poitrine d'une tranche de bacon. Disposez les poitrines bardées sur le bœuf séché.

2. Combinez la crème de champignons et la farine dans un bol moyen ; brassez jusqu'à l'obtention d'un mélange lisse. Versez sur le poulet.

3. Couvrez et cuisez 7 à 9 heures à faible intensité ou 3 à 4 heures à intensité élevée. Ajoutez la crème sure durant les 30 dernières minutes de cuisson. Servez sur les pâtes.

Donne 4 portions

Poulet teriyaki

450 g de blanc de poulet désossé et sans peau
¾ tasse de jus d'ananas
¼ tasse de sauce soja
1 cuillère à table de sucre
1 cuillère à table de gingembre frais émincé
1 cuillère à table d'ail émincé
1 cuillère à table d'huile végétale
1 cuillère à table de mélasse
24 tomates cerises (facultatif)
2 tasses de riz cuit chaud

Combinez tous les ingrédients, sauf le riz, dans la mijoteuse. Couvrez et cuisez 2 heures à faible intensité ou jusqu'à ce que le poulet soit tendre. Servez le poulet sur le riz et nappez de sauce.

Donne 4 portions

Poulet à la parisienne ▶

**6 poitrines de poulet désossées et sans peau (environ 1½ livre),
en cubes**
½ cuillère à thé de sel
½ cuillère à thé de poivre noir
½ cuillère à thé de paprika
**1 boîte (284 ml - 10 onces) de crème de champignons ou
de crème de poulet condensée, non diluée**
1 boîte (250 ml - 8 onces) de champignons tranchés, égouttés
½ tasse de vin blanc sec
1 tasse de crème sure
6 tasses de pâtes aux œufs cuîtes chaudes

1. Mettez le poulet dans la mijoteuse. Saupoudrez le sel, le poivre et le paprika. Ajoutez la crème, les champignons et le vin dans la mijoteuse ; mélangez à fond.

2. Couvrez et cuisez 2 à 3 heures à intensité élevée.

3. Ajoutez la crème sure durant les 30 dernières minutes de cuisson. Servez sur les pâtes. Garnissez à votre goût.

Donne 6 portions

Poulet crémeux

**3 poitrines de poulet désossées sans peau ou 6 cuisses
de poulet désossées sans peau**
**2 boîtes (284 ml - 10 onces chacune) de crème de poulet
condensée, non diluée**
1¾ de bouillon de poulet
1 boîte (125 ml - 4 onces) de champignons tranchés, égouttés
½ oignon moyen, en dés
Sel
Poivre noir

Mettez tous les ingrédients, sauf le sel et le poivre, dans la mijoteuse. Couvrez et cuisez 6 à 8 heures à faible intensité. Assaisonnez de sel et de poivre au goût.

Donne 3 portions

Note : si vous le désirez, vous pouvez ajouter des cubes de fromage à tartiner avant de servir.

Ragoût de poulet ▶

4 à 5 tasses de poulet cuit haché
(environ 5 poitrines de poulet désossées sans peau)
1 boîte (environ 800 ml - 28 onces) de tomates entières,
coupées en morceaux, non égouttées
2 grosses pommes de terre, pelées et coupées en morceaux
de 2,5 cm - 1 po
225 g (8 onces) d'okra (ou gumbo) frais, tranché
1 gros oignon, haché
1 boîte (400 ml - 14 onces) de maïs en crème
½ tasse de ketchup
½ tasse de sauce barbecue

1. Combinez le poulet, les tomates et leur jus, les pommes de terre, l'okra et l'oignon dans la mijoteuse. Couvrez et cuisez 6 à 8 heures à faible intensité ou jusqu'à ce que les pommes de terre soient tendres.

2. Ajoutez le maïs en crème, le ketchup et la sauce barbecue. Couvrez et cuisez 30 minutes à intensité élevée.

Donne 6 portions

Poulet à la mode du Sud-Ouest

1 sachet (environ 37 g - 1¼ once) d'assaisonnement à taco
¼ tasse de farine tout-usage
6 à 8 cuisses de poulet désossées sans peau ou 4 poitrines
désossées sans peau, coupées en deux
2 cuillères à table d'huile végétale
1 gros oignon, coupé en morceaux de 2,5 cm - 1 po
2 poivrons verts, coupés en morceaux de 2,5 cm - 1 po
1 boîte (400 ml - 14 onces) de tomates en dés au jalapeño,
non égouttées
Sel et poivre

1. Réservez 1 cuillère à thé d'assaisonnement à taco. Combinez la farine et le reste de l'assaisonnement dans un sac en plastique de conservation alimentaire. Ajoutez le poulet, 1 ou 2 morceaux à la fois ; secouez le sac pour enduire le poulet.

2. Chauffez l'huile dans une grande poêle à feu moyen-vif ; faites dorer le poulet. Transférez-le dans la mijoteuse ; saupoudrez la cuillère à thé d'assaisonnement réservée.

3. Dans la même poêle, ajoutez l'oignon ; en brassant, cuisez les oignons jusqu'à ce qu'ils soient translucides. Mettez les oignons, les poivrons et les tomates avec leur jus dans la mijoteuse. Couvrez et cuisez 6 à 7 heures à faible intensité ou jusqu'à ce que le poulet soit tendre. Salez et poivrez au goût.

Donne 4 à 6 portions

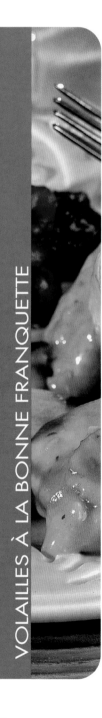

Dinde et pâtes à la thaïlandaise

680 g (1½ livre) de filets de dinde,
     coupés en morceaux de 2 cm (¾ po)
  1 poivron rouge, coupé en fines lanières courtes
  1¼ tasse de bouillon de poulet à teneur de sel réduite, divisée
  ¼ tasse de sauce soja à teneur de sel réduite
  3 gousses d'ail, émincées
  ¾ cuillère à thé de piment rouge en flocons
  ¼ cuillère à thé de sel
  2 cuillères à table de fécule de maïs
  3 oignons verts, coupés en morceaux de 1,3 cm (½ po)
  ⅓ tasse de beurre d'arachides crémeux ou croquant
     (non le produit naturel)
340 g (12 onces) de vermicelles cuits et chauds
  ¾ tasse d'arachides ou de noix de cajou, hachés
  ¾ tasse de brins de coriandre, hachés

1. Mettez la dinde, le poivron, 1 tasse de bouillon, la sauce soja, l'ail, les flocons de piment et le sel dans la mijoteuse. Couvrez et cuisez 3 à 4 heures à faible intensité.

2. Brassez la fécule de maïs et ¼ tasse de bouillon jusqu'à l'obtention d'un mélange lisse. En brassant, ajoutez les oignons verts, le beurre d'arachides et le mélange de fécule de maïs dans la mijoteuse. Couvrez et cuisez 30 minutes à intensité élevée ou jusqu'à ce que la sauce épaississe. Brassez à fond.

3. Servez sur les vermicelles. Garnissez d'arachides et de coriandre.

Donne 6 portions

Variante : substituez des pâtes ramen aux vermicelles. N'utilisez pas le sachet d'aromates du mélange à soupe ramen et plongez les pâtes dans l'eau bouillante. Cuisez les pâtes 2 à 3 minutes ou jusqu'à ce qu'elles soient tendres. Égouttez et servez-les chaudes.

Poulet sucré au cari ▶

**450 g (1 livre) de poitrines de poulet désossées et sans peau,
coupées en morceaux de 2,5 cm (1 po)**
1 gros poivron vert ou rouge, coupé en morceaux de 2,5 cm (1 po)
1 gros oignon, tranché
1 grosse tomate, épépinée et hachée
½ tasse de chutney à la mangue
¼ tasse d'eau
2 cuillères à table de fécule de maïs
1½ cuillère à thé de poudre de cari
Riz cuit chaud

1. Mettez le poulet, le poivron et l'oignon dans la mijoteuse. Recouvrez avec la tomate.

2. Mélangez le chutney, l'eau, la fécule de maïs et la poudre de cari dans un petit bol. Versez sur le poulet.

3. Couvrez et cuisez 3½ à 4½ heures à faible intensité ou jusqu'à ce que le poulet soit tendre. Servez sur un lit de riz.

Donne 4 portions

Poulet à l'italienne très facile

4 poitrines de poulet désossées et sans peau (environ 1 livre)
1 tasse de champignons, tranchés
1 poivron vert moyen, haché (facultatif)
1 zucchini moyen, en dés
1 oignon moyen, haché
1 bocal (750 ml - 26 onces) de sauce pour pâtes

Combinez tous les ingrédients dans la mijoteuse. Couvrez et cuisez 6 à 8 heures à faible intensité ou jusqu'à ce que le poulet soit tendre.

Donne 4 portions

Suggestion de présentation : servez sur un lit de pâtes cuites chaudes.

Coq au vin

2 tasses d'oignons perlés surgelés, décongelés
4 tranches épaisses de bacon, cuit, croustillant et émietté
1 tasse de chapeaux de champignon tranchés
1 gousse d'ail, émincée
1 cuillère à thé de thym séché
⅛ cuillère à thé de poivre noir
6 poitrines de poulet désossées et sans peau (environ 900 g - 2 livres)
½ tasse de vin rouge sec
¾ tasse de bouillon de poulet à teneur de sel réduite
¼ tasse de pâte de tomate
3 cuillères à table de farine tout-usage
Pâtes aux œufs cuites et chaudes

1. En couches alternées, mettez les oignons, le bacon, les champignons, l'ail, le thym, le poivre, le poulet, le vin et le bouillon dans la mijoteuse.

2. Couvrez et cuisez 6 à 8 heures à faible intensité.

3. Retirez le poulet et les légumes; couvrez et gardez au chaud. À la cuillère, transférez ½ tasse de jus de cuisson dans un petit bol; laissez refroidir un peu. Mélangez le jus de cuisson, la pâte de tomate et la farine jusqu'à l'obtention d'un mélange lisse; ajoutez dans la mijoteuse en brassant. Cuisez à découvert 15 minutes à intensité élevée ou jusqu'à épaississement. Servez sur les pâtes chaudes, si désiré.

Donne 6 portions

Astuce: quand vous utilisez du vin dans une recette, évitez le vin de cuisson. Comme le bouquet du vin se corse pendant une cuisson lente, utilisez un bon vin peu cher que vous boiriez. Si vous ne videz pas une bouteille de vin, gardez le reste pour cuisiner. Gardez au réfrigérateur dans de petits contenants hermétiques et utilisez dans la semaine qui suit.

Ragoût de filets de dinde du Sud-Ouest

680 g (1½ livre) de filets de dinde, coupés en morceaux de 2 cm (¾ po)
1 cuillère à table de poudre de chili
1 cuillère à thé de cumin moulu
¼ cuillère à thé de sel
1¾ tasse de haricots à chili en sauce piquante, en boîte, non égouttés
1 boîte (400 ml - 14 onces) de tomates étuvées façon chili, non égouttées
¾ tasse de salsa préparée ou de sauce picante
1 poivron rouge, coupé en morceaux de 2 cm (¾ po)
1 poivron vert, coupé en morceaux de 2 cm (¾ po)
¾ tasse d'oignon rouge ou jaune, haché
3 gousses d'ail, émincées
Coriandre fraîche (facultatif)

1. Mettez la dinde dans la mijoteuse. Saupoudrez la poudre de chili, le cumin et le sel sur la dinde en retournant les morceaux de tous les côtés.

2. Ajoutez les haricots, les tomates avec leur jus, la salsa, les poivrons, l'oignon et l'ail ; mélangez à fond. Couvrez et cuisez 5 à 6 heures à faible intensité.

3. Ajustez l'assaisonnement. Servez à la cuillère dans des bols. Garnissez de coriandre, si désiré.

Donne 6 portions

Astuce : pour atténuer la saveur piquante de cette recette, vous pouvez substituer des haricots à chili en sauce douce à la variante épicée. Assurez-vous aussi d'utiliser une salsa douce.

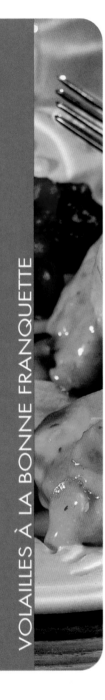

Tajine au poulet marocain

1,3 kg (3 livres) de poulet en morceaux, sans peau
2 tasses de bouillon de poulet
1 boîte (400 ml - 14 onces) de tomates en dés, non égouttées
2 oignons, hachés
1 tasse d'abricots séchés, hachés
4 gousses d'ail, émincées
2 cuillères à thé de cumin moulu
1 cuillère à thé de cannelle moulue
1 cuillère à thé de gingembre moulu
½ cuillère à thé de coriandre moulue
½ cuillère à thé de piment rouge moulu
6 brins de coriandre fraîche
1 cuillère à table de fécule de maïs
1 cuillère à table d'eau
1 boîte (environ 425 ml -15 onces) de pois chiches,
  égouttés et rincés
2 cuillères à table de coriandre fraîche hachée
¼ tasse d'amandes tranchées, grillées
  Couscous ou riz cuit chaud

1. Mettez le poulet dans la mijoteuse. Combinez le bouillon, les tomates avec leur jus, les oignons, les abricots, l'ail, le cumin, la cannelle, le gingembre, la coriandre moulue, le piment rouge et la coriandre fraîche dans un bol moyen ; versez le mélange sur le poulet.

2. Couvrez et cuisez 4 à 5 heures à faible intensité ou jusqu'à ce que le poulet soit tendre. Transférez le poulet dans un plat de service ; couvrez pour le garder au chaud.

3. Combinez la fécule de maïs et l'eau dans un petit bol et brassez jusqu'à l'obtention d'un mélange lisse. En brassant, ajoutez le mélange de fécule et les pois chiches dans la mijoteuse. Couvrez et cuisez 15 minutes à intensité élevée ou jusqu'à épaississement de la sauce. Nappez la sauce sur le poulet. Décorez de coriandre et d'amandes grillées et servez avec du couscous.

Donne 4 à 6 portions

Conseil : pour griller les amandes, chauffez une petite poêle antiadhésive à feu moyen-vif. Ajoutez les amandes ; cuisez en brassant environ 3 minutes ou jusqu'à l'obtention d'une couleur brun doré. Retirez de la poêle immédiatement. Laissez refroidir avant d'ajouter aux autres ingrédients.

Pâtes toscanes ▶

**450 g (1 livre) de poitrines de poulet désossée et sans peau,
coupées en morceaux de 2,5 cm (1 po)**
1 boîte (800 ml - 28 onces) de tomates italiennes étuvées
1¾ tasse de haricots rouges, en boîte, rincés et égouttés
1 boîte (environ 425 ml - 15 onces) de sauce tomate
1 tasse d'eau
1 boîte (125 ml - 4 onces) de champignons tranchés, égouttés
1 poivron vert moyen, haché
½ tasse d'oignon haché
½ tasse de céleri haché
4 gousses d'ail, émincées
1 cuillère à thé d'assaisonnement italien
170 g (6 onces) de spaghettini non cuit, cassé en deux

1. Mettez tous les ingrédients, sauf les spaghettinis, dans la mijoteuse.

2. Couvrez et cuisez 4 heures à faible intensité ou jusqu'à ce que les légumes soient tendres.

3. Ajoutez les spaghettinis en brassant. Cuisez 10 minutes à intensité élevée ; brassez de nouveau. Couvrez et cuisez 30 minutes ou jusqu'à ce que les spaghettinis soient tendres.

Donne 8 portions

Tarte étagée enchilada

8 (15 cm - 6 po) tortillas de maïs
1 bocal (350 ml - 12 onces) de salsa préparée
1¾ tasse de haricots rouges, en boîte, rincés et égouttés
1 tasse de poulet cuit déchiqueté
1 tasse de fromage râpé Monterey Jack aux piments jalapeno

Fabriquez des poignées en aluminium pour mijoteuse (voir page 14) et disposez-les dans la mijoteuse. Étalez une tortilla au fond de la mijoteuse. Garnissez de petites quantités de salsa, de haricots, de poulet et de fromage. Continuez à alterner les couches de tortillas et de garniture jusqu'à épuisement des ingrédients, en terminant avec une tortilla garnie de fromage. Couvrez et cuisez 6 à 8 heures à faible intensité ou 3 à 4 heures à intensité élevée. Retirez de la mijoteuse à l'aide des poignées en aluminium. Garnissez de coriandre fraîche et d'une rondelle de piment rouge, si désiré.

Donne 4 à 6 portions

Pilaf au poulet

900 g (2 livres) de poulet cuit haché
1 boîte (400 ml - 14 onces) de sauce tomate
2½ tasses d'eau
1⅓ tasse de riz Converted à long grain non cuit
1 tasse d'oignon haché
1 tasse de céleri haché
1 tasse de poivron vert haché
⅔ tasse d'olives noires tranchées
¼ tasse d'amandes tranchées
¼ tasse (½ bâtonnet) de beurre ou de margarine
2 gousses d'ail, émincées
2½ cuillères à thé de sel
½ cuillère à thé de quatre-épices moulu
½ cuillère à thé de curcuma moulu
¼ cuillère à thé de poudre de cari
¼ cuillère à thé de poivre noir

1. Combinez tous les ingrédients dans la mijoteuse ; mélangez à fond.
2. Couvrez et cuisez 6 à 8 heures à faible intensité ou 3 à 4 heures à intensité élevée.

Donne 4 à 6 portions

Astuce : le riz a tendance à devenir pâteux et collant à la suite d'une longue cuisson à la mijoteuse. Pour de meilleurs résultats, choisissez du riz Converted à long grain non cuit et commencez à vérifier sa consistance durant les 30 dernières minutes de cuisson.

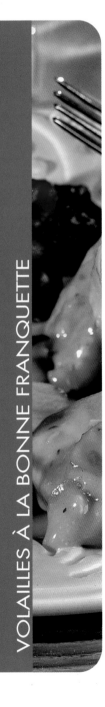

Poulet Vésuve

3 cuillères à table de farine tout-usage
1½ cuillère à table d'origan séché
1 cuillère à thé de sel
½ cuillère à thé de poivre noir
1 poulet à frire, coupé en morceaux, ou 1,3 kg (3 livres)
de morceaux de poulet avec les os
2 cuillères à table d'huile d'olive
4 petites pommes de terre à cuire au four, chacune coupée
en huit quartiers
2 petits oignons, coupés en fines pointes
4 gousses d'ail, émincées
¼ tasse de bouillon de poulet
¼ tasse de vin blanc sec
¼ tasse de persil haché
Quartiers de citron (facultatif)

1. Vaporisez l'intérieur de la mijoteuse d'enduit à cuisson antiadhésif. Combinez la farine, l'origan, le sel et le poivre dans un sac en plastique de conservation alimentaire refermable. Lavez le poulet ; asséchez-le en le tamponnant avec du papier essuie-tout. Dégraissez et jetez tout surplus de gras. Ajoutez le poulet, plusieurs morceaux à la fois, dans le sac et secouez-le pour enduire légèrement le poulet du mélange de farine. Chauffez l'huile dans une grande poêle à feu moyen jusqu'à ce qu'elle soit chaude. Ajoutez le poulet ; cuisez 10 à 12 minutes ou jusqu'à ce que les morceaux soient dorés de tous côtés.

2. Mettez les pommes de terre, l'oignon et l'ail dans la mijoteuse. Ajoutez le bouillon et le vin. Transférez le poulet dans la mijoteuse ; aspergez la surface de tous les morceaux de poulet avec le jus de cuisson de la poêle. Couvrez et cuisez 6 à 7 heures à faible intensité ou 3 à 3½ heures à intensité élevée, ou jusqu'à ce que le poulet et les pommes de terre soient tendres. Transférez le poulet et les légumes dans les assiettes de service ; nappez avec le bouillon de la mijoteuse. Parsemez de persil. Servez avec des quartiers de citron, si désiré.

Donne 4 à 6 portions

Ragoût de poulet aux boulettes de pâte assaisonnées

3½ tasses de bouillon de poulet, divisées
2 tasses de carottes tranchées
1 tasse d'oignon haché
1 gros poivron vert, tranché
½ tasse de céleri tranché
⅔ tasse de farine tout-usage
450 g (1 livre) de poitrines de poulet désossées et sans peau,
   coupées en morceaux de 2,5 cm (1 po)
1 grosse pomme de terre non pelée, coupée en morceaux de 2,5 cm
   (1 po)
¾ tasse de champignons, coupés en deux
¾ tasse de pois verts surgelés
1 cuillère à thé de basilic séché
¾ cuillère à thé de romarin séché
¼ cuillère à thé d'estragon séché
¾ à 1 cuillère à thé de sel
¼ cuillère à thé de poivre noir
¼ tasse de crème à fouetter

Boulettes de pâte assaisonnées « dumplings »
1 tasse de mélange à biscuits
¼ cuillère à thé de basilic séché
¼ cuillère à thé de romarin séché
⅓ tasse de lait
1 pincée d'estragon séché

1. Mettez de côté une tasse de bouillon de poulet. Combinez les carottes, l'oignon, le poivron, le céleri et le reste du bouillon de poulet dans la mijoteuse. Couvrez et cuisez 2 heures à faible intensité.

2. En brassant, ajoutez 1 tasse de bouillon de poulet à la farine jusqu'à l'obtention d'un mélange lisse. Ajoutez dans la mijoteuse en brassant. Ajoutez le poulet, la pomme de terre, les champignons, les pois, 1 cuillère à thé de basilic, le romarin et l'estragon dans la mijoteuse. Couvrez et cuisez 4 heures ou jusqu'à ce que les légumes soient tendres et que le poulet le soit aussi. En brassant, ajoutez le sel, le poivre noir et la crème.

3. Combinez le mélange à cuisson, le basilic, le romarin et l'estragon dans un petit bol. Ajoutez le lait en brassant pour obtenir une pâte molle. Transférez le mélange de pâte à la surface du ragoût en 4 grosses cuillerées. Cuisez 30 minutes à découvert. Couvrez et cuisez 30 à 45 minutes ou jusqu'à ce que les boulettes de pâte soient fermes et qu'un cure-dent piqué au centre en ressorte propre. Servez dans des bols peu profonds.

Donne 4 portions

Sandwichs super-faciles

Sandwichs barbecue maison

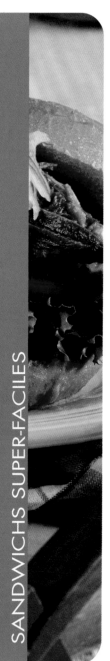

Eau
1 rôti d'épaule de porc désossé (1,3 à 1,8 kg - 3 à 4 livres)
Sel
Poivre noir
500 ml (2 tasses) de sauce barbecue
Pains à hamburger ou petits pains à sandwich

1. Couvrez le fond de la mijoteuse avec l'eau. Placez le rôti dans la mijoteuse ; salez et poivrez.

2. Couvrez et cuisez 8 à 10 heures à faible intensité.

3. Sortez le rôti de la mijoteuse ; laissez-le reposer 15 minutes. Jetez le liquide accumulé dans la mijoteuse. Déchiquetez le rôti à l'aide de deux fourchettes. Remettez la viande dans la mijoteuse. Ajoutez la sauce barbecue et mêlez bien. Couvrez et cuisez 30 minutes à intensité élevée. Servez le mélange sur des pains grillés.

Donne 8 à 10 portions

Suggestion de présentation : servez avec votre recette de salade de chou préférée.

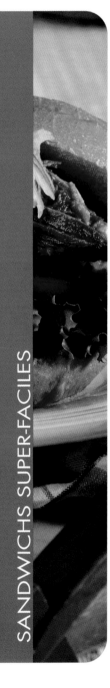

Sandwichs Reuben chauds et juteux

1 corned-beef légèrement fumé (environ 680 g - 1½ livre)*
2 tasses de choucroute égouttée
½ tasse de bouillon de bœuf
1 petit oignon tranché
1 gousse d'ail émincée
¼ cuillère à thé de graines de carvi
4 à 6 grains de poivre
8 tranches de pain de seigle noir ou de pain de seigle
4 tranches de fromage suisse
Moutarde

1. Enlevez l'excès de gras du corned-beef. Placez la viande dans la mijoteuse. Ajoutez la choucroute, le bouillon, l'oignon, l'ail, les graines de carvi et les grains de poivre.

2. Couvrez et cuisez 7 à 9 heures à faible intensité.

3. Retirez le bœuf de la mijoteuse. Coupez contre le sens du grain en tranches épaisses de ¼ po. Répartissez en portions égales sur 4 tranches de pain. Couvrez chaque tranche d'une demi-tasse du mélange de choucroute égoutté et d'une tranche de fromage. Tartinez de moutarde les 4 autres tranches de pain. Fermez les sandwichs.

Donne 4 portions

Note: cette impressionnante superposition de corned-beef, de choucroute et de fromage suisse fondu produit un fabuleux sandwich que vous servirez souvent en utilisant du corned-beef mijoté.

Temps de préparation: 25 minutes
Temps de cuisson: 7 à 9 heures

Il ne s'agit pas ici de la viande que l'on achète en boîte mais d'une pièce de viande qui ressemble au smoked meat.

Le meilleur sandwich de poitrine de bœuf

1 poitrine de bœuf (environ 1,3 kg - 3 livres)
2 tasses de cidre de pomme, divisé
1 tête d'ail séparée en gousses écrasées et pelées
2 cuillères à table de grains de poivre
⅓ tasse de thym frais haché ou 2 cuillères à table de thym séché
1 cuillère à table de graines de moutarde
1 cuillère à table d'assaisonnement cajun
1 cuillère à thé de cumin moulu
1 cuillère à thé de graines de céleri
1 cuillère à thé de quatre-épices
2 à 4 clous de girofle
1 bouteille (350 ml - 12 onces) de bière brune
10 à 12 petits pains au levain, coupés en moitié (facultatif)

1. Mettez la poitrine, ½ tasse de cidre, l'ail, le poivre, le thym, les graines de moutarde, l'assaisonnement cajun, le cumin, les graines de céleri, le quatre-épices et les clous dans un grand sac de plastique refermable pour la conservation des aliments. Fermez le sac et laissez mariner au réfrigérateur toute la nuit.

2. Placez la poitrine et la marinade dans la mijoteuse. Ajoutez 1½ tasse de cidre et la bière.

3. Couvrez et cuisez 10 heures à faible intensité ou jusqu'à ce que la poitrine soit tendre. Passez la sauce, puis mouillez-en la viande. Tranchez la poitrine et garnissez-en de petits pains si désiré.

Donne 10 à 12 portions

Temps de préparation : 20 à 25 minutes
Temps de cuisson : 9 à 10 heures

Sandwichs au bœuf barbecue

1,3 kg (3 livres) de rôti d'épaule dans le paleron, désossé
2 tasses de ketchup
1 oignon moyen, haché
¼ tasse de vinaigre de cidre
¼ tasse de mélasse foncée
2 cuillères à table de sauce Worcestershire
2 gousses d'ail, émincées
½ cuillère à thé de sel
½ cuillère à thé de moutarde sèche
½ cuillère à thé de poivre noir
¼ cuillère à thé de poudre d'ail
¼ cuillère à thé de piment rouge en flocons
 Petits pains aux graines de sésames, coupés

1. Coupez le rôti en deux et placez les morceaux dans la mijoteuse. Combinez le ketchup, l'oignon, le vinaigre, la mélasse, la sauce Worcestershire, l'ail, le sel, la moutarde, le poivre noir, la poudre d'ail et les flocons de piments dans un grand bol. Versez le mélange de sauce sur le rôti. Couvrez et cuisez 8 à 10 heures à faible intensité ou 4 à 5 heures à intensité élevée.

2. Retirez le rôti de la sauce ; laissez refroidir un peu. Enlevez l'excès de gras du bœuf. Déchiquetez la viande à l'aide de deux fourchettes.

3. Laissez reposer la sauce 5 minutes pour que le gras remonte à la surface. Dégraissez.

4. Remettez la viande déchiquetée dans la mijoteuse. Brassez la viande pour bien l'enrober de sauce. Ajustez l'assaisonnement. Couvrez et cuisez 15 à 30 minutes ou jusqu'à ce que ce soit chaud.

5. Remplissez les petits pains à la cuillère et arrosez de sauce si désiré.

Donne 12 portions

Temps de préparation : 20 à 25 minutes
Temps de cuisson : 9 à 10 heures

Sandwichs de Kielbasa mijotée ▶

**450 g (1 livre) de saucisse Kielbasa coupée en 4 morceaux
(10 à 12,5 cm - 4 à 5 po)**
1 gros oignon finement tranché
1 gros poivron vert coupé en lanières
¼ cuillère à thé de sel
¼ cuillère à thé de thym séché
¼ cuillère à thé de poivre noir
½ tasse de bouillon de poulet
4 petits sous-marins croûtés, coupés

1. Dans une poêle antiadhésive, faites dorer les morceaux de Kielbasa à feu moyen-vif pendant 3 à 4 minutes. Placez les morceaux dans la mijoteuse. Ajoutez l'oignon, le poivron, le sel, le thym et le poivre. Ajoutez le bouillon de poulet en brassant.

2. Couvrez et cuisez 7 à 8 heures à intensité faible.

3. Disposez les morceaux de Kielbasa dans les pains. Garnissez avec les oignons et les poivrons. Servez avec vos condiments préférés.

Donne 4 portions

Suggestion : pour une saveur piquante, garnissez le sandwich avec des poivrons marinés et une bonne quantité de moutarde.

Temps de préparation : 10 minutes
Temps de cuisson : 7 à 8 heures

Sandwichs au bœuf faciles

1 gros oignon tranché
1 rôti de bœuf de bas de ronde (environ 1,3 à 2,25 kg - 3 à 5 livres)
1 tasse d'eau
1 paquet (30 g - 1 once) de mélange de sauce « au jus » de viande
6 à 8 petits pains français coupés

Placez les tranches d'oignon au fond de la mijoteuse; couvrez avec le rôti. Combinez l'eau et le mélange « au jus » dans un petit bol, puis versez sur le rôti. Couvrez et cuisez 7 à 9 heures à faible intensité ou jusqu'à ce que le bœuf soit tendre. Transférez le bœuf sur une planche à découper. Déchiquetez le bœuf à l'aide de deux fourchettes. Remettez la viande dans la mijoteuse. Servez le bœuf sur les petits pains avec, en trempette, les jus de viande.

Donne 6 à 8 portions

Suggestion de présentation : ajoutez des tranches de fromage provolone à ces sandwichs.

Bœuf italien ▶

1 rôti de croupe de bœuf (1,3 à 2,25 kg - 3 à 5 livres)
1¾ tasse de bouillon de bœuf
2 tasses de giardiniera doux
8 petits pains italiens

1. Placez le rôti de croupe dans la mijoteuse ; ajoutez le bouillon de bœuf et le giardiniera.

2. Couvrez et cuisez 10 heures à faible intensité.

3. Transférez le bœuf sur une planche à découper. Déchiquetez le bœuf à l'aide de deux fourchettes ; remettez le bœuf dans la mijoteuse et chauffez brièvement. Servez le bœuf avec la sauce sur des petits pains italiens croustillants.

Donne 8 portions

Wraps au bœuf Tex-Mex

1 cuillère à table de poudre de chili
2 cuillères à thé de cumin moulu
1 cuillère à thé de sel
¼ cuillère à thé de poivre rouge
1 rôti (1,1 à 1,3 kg - 2½ à 3 livres) d'épaule de bœuf pour
le pot-au-feu, désossé
1 oignon moyen haché
3 gousses d'ail émincées
1 tasse de salsa, divisée
12 (15 à 18 cm - 6 à 7 po) tortillas de maïs ou à la farine, réchauffées
1 tasse de fromage cheddar râpé ou de fromage
Monterey Jack
1 tasse de tomates hachées
¼ tasse de coriandre hachée
1 avocat mûr, en dés

1. Vaporisez l'intérieur de la mijoteuse d'enduit à cuisson antiadhésif. Mêlez la poudre de chili, le cumin, le sel et le poivre rouge. Frottez toutes les faces de la viande du mélange d'épices. Placez l'oignon et l'ail au fond de la mijoteuse ; ajoutez la viande. À la cuillère, étendez ½ tasse de salsa sur la viande. Couvrez et cuisez 3½ à 4½ heures à intensité élevée ou jusqu'à ce que la viande soit très tendre.

2. Transférez la viande sur une planche à découper ; utilisez deux fourchettes pour la défaire en lanières. Dégraissez les jus de viande de la mijoteuse. Remettez la viande dans la mijoteuse. Ajustez l'assaisonnement. Placez la viande sur les tortillas chaudes ; garnissez de fromage, de tomates, de coriandre et d'avocat. Repliez les tortillas pour retenir la garniture. Servez avec le reste de salsa.

Donne 6 portions

Sandwichs au porc BBQ

1,8 kg (4 livres) de rôti de longe de porc désossé et dégraissé
¾ tasse de bouillon de bœuf
⅓ tasse de sauce Worcestershire
⅓ tasse de sauce au piment de cayenne

Sauce
½ tasse de ketchup
½ tasse de mélasse
¼ tasse de moutarde Classique Jaune
¼ tasse de sauce Worcestershire
2 cuillères à table de sauce originale au piment de cayenne

1. Placez le rôti au fond de la mijoteuse. Combinez le bouillon, ⅓ de tasse de sauce Worcestershire et de sauce au piment de cayenne. Versez sur le rôti. Couvrez et cuisez 5 heures* à intensité élevée ou jusqu'à ce que le rôti soit tendre.

2. Pendant ce temps, dans un grand bol, combinez les ingrédients pour la sauce. Laissez en attente.

3. Transférez le rôti sur une grande planche à découper. Jetez le liquide de cuisson. Hachez grossièrement le rôti. Mêlez à la sauce en attente. À la cuillère, répartissez le mélange sur de grands pains à sandwichs. Servez avec une salade de pommes de terre, si désiré.

Donne 8 à 10 portions

Ou cuisez 10 heures à faible intensité.

Suggestion: préparez plus de sauce et servez-la en accompagnement. Excellent aussi avec les côtes barbecues et les côtelettes.

Temps de préparation: 10 minutes
Temps de cuisson: 5 heures

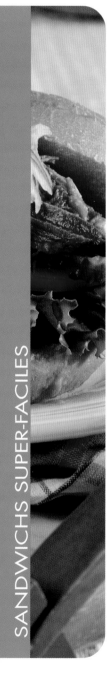

Les Sloppy Joes de Suzie

1,3 kg (3 livres) de bœuf haché maigre
1 tasse d'oignon haché
3 gousses d'ail émincées
1¼ tasse de ketchup
1 tasse de poivron rouge haché
5 cuillères à table de sauce Worcestershire
4 cuillères à table de cassonade
3 cuillères à table de moutarde préparée
3 cuillères à table de vinaigre
2 cuillères à thé de poudre de chili
Pains à hamburger grillés

1. Dans une grande poêle antiadhésive, faites dorer, en deux quantités, le bœuf haché, l'oignon et l'ail à feu moyen-vif en brassant pour défaire la viande. Égouttez.

2. Combinez le ketchup, le poivron, la sauce Worcestershire, la cassonade, la moutarde, le vinaigre et la poudre de chili dans la mijoteuse. Ajoutez le mélange de viande en brassant.

3. Couvrez et cuisez 6 à 8 heures à faible intensité. À la cuillère, garnissez les pains à hamburger.

Donne 8 portions

Astuce : pour égoutter la viande hachée cuite, mettez-la dans une passoire. Brassez un peu la viande ou secouez la passoire. Vous pouvez également transférer la viande dans la mijoteuse en utilisant une écumoire ou une cuillère à égoutter, ce qui permettra de drainer le gras.

Grands sandwichs aux boulettes de viande

**1 boîte (400 ml - 14 onces) de tomates en dés, égouttées
et le jus réservé**
1 boîte (250 ml - 8 onces) de sauce tomate sans sel ajouté
¼ tasse d'oignon haché
2 cuillères à table de pâte de tomate
1 cuillère à thé d'assaisonnement italien
450 g (1 livre) de poulet haché
**½ tasse de chapelure de pain de blé entier frais ou de pain blanc
(1 tranche de pain)**
1 blanc d'œuf, légèrement battu
3 cuillères à table de persil frais finement haché
2 gousses d'ail émincées
¼ cuillère à thé de sel
⅛ cuillère à thé de poivre
Enduit à cuisson antiadhésif en aérosol
4 petits pains croûtés coupés
2 cuillères à table de fromage parmesan râpé

1. Combinez les tomates en dés, ½ tasse de jus réservé, la sauce tomate, l'oignon, la pâte de tomate et l'assaisonnement italien dans la mijoteuse. Couvrez et cuisez 3 à 4 heures à faible intensité ou jusqu'à ce que les oignons soient tendres.

2. À mi-chemin du temps de cuisson, préparez les boulettes de viande. Combinez le poulet, la chapelure, le blanc d'œuf, le persil, l'ail, le sel et le poivre dans un bol moyen. Avec les mains mouillées, façonnez le mélange en 12 à 16 boulettes de viande. Vaporisez une poêle antiadhésive moyenne avec l'enduit et chauffez-la à feu moyen jusqu'à ce qu'elle soit brûlante. Ajoutez-y les boulettes ; cuisez-les environ 8 à 10 minutes ou jusqu'à ce qu'elles soient dorées sur tous les côtés. Transférez les boulettes dans la mijoteuse ; cuisez 1 à 2 heures à faible intensité ou jusqu'à ce que les boulettes de viande ne soient plus rosées au centre.

3. Placez 3 ou 4 boulettes dans chaque pain. À la cuillère, arrosez les boulettes de sauce. Saupoudrez de fromage.

Donne 4 portions

Fajitas aux lanières de bœuf ▶

- **1 bifteck de flanc (environ 680 g - 1½ livre)**
- **1 boîte (400 ml - 14 onces) de tomates en dés avec piments jalapeño, non égouttées**
- **1 tasse d'oignon haché**
- **1 poivron vert moyen coupé en morceaux de 1,3 cm (½ po)**
- **2 gousses d'ail émincées ou ¼ de cuillère à thé de poudre d'ail**
- **1 sachet (40 g - 1½ once) d'assaisonnement à fajitas**
- **12 (20 cm - 8 pouces) tortillas de farine**

Garnitures : crème sure, guacamole, fromage cheddar râpé, salsa (facultatif)

1. Coupez le bifteck en 6 portions ; mettez-les dans la mijoteuse. Combinez les tomates avec leur jus, l'oignon, le poivron, l'ail et l'assaisonnement dans un bol moyen. Ajoutez dans la mijoteuse. Couvrez et cuisez 8 à 10 heures à faible intensité ou 4 à 5 heures à intensité élevée ou jusqu'à ce que le bœuf soit tendre.

2. Retirez le bœuf de la mijoteuse ; défaites-le en lanières. Remettez le bœuf dans la mijoteuse et brassez.

3. Pour servir les fajitas, répartissez la viande également sur les tortillas de farine. Ajoutez la garniture désirée et roulez les tortillas.

Donne 12 portions

Sandwichs simples au bœuf

- **1 rôti de croupe de bœuf désossé (900 à 1,8 kg - 2 à 4 livres)**
- **1 sachet (30 g - 1 once) de mélange à vinaigrette italienne**
- **1 sachet (30 g - 1 once) de mélange pour soupe à l'oignon**
- **2 cubes de bouillon de bœuf**
- **2 cuillères à table de moutarde préparée**
  Sel
  Poudre d'oignon
  Poudre d'ail
  Poivre noir
- **1 tasse d'eau**
- **6 à 8 petits pains croustillants, fendus**
  Tranches de fromage provolone ou mozzarella

Placez le rôti, le mélange à vinaigrette, le mélange pour soupe, les cubes de bouillon et la moutarde dans la mijoteuse. Assaisonnez au goût avec le sel, la poudre d'ail, la poudre d'oignon et le poivre. Ajoutez l'eau. Couvrez et cuisez 8 à 10 heures à faible intensité ou jusqu'à ce que le bœuf soit tendre. Servez le bœuf sur des petits pains avec des tranches de fromage.

Donne 6 à 8 portions

Sandwichs au bœuf chaud ▶

1 rôti de paleron de bœuf (1,3 à 1,8 kg - 3 à 4 livres),
   coupé en morceaux
1 petit pot (175 ml - 6 onces) de cornichons à l'aneth tranchés,
   non égouttés
1 oignon moyen, en dés
1 cuillère à thé de graines de moutarde
4 gousses d'ail, émincées
1 boîte (400 ml - 14 onces) de tomates broyées avec assaisonnement italien
   Pains à hamburger

1. Placez le bœuf dans la mijoteuse. Versez les cornichons avec leur jus sur le rôti. Ajoutez les oignons, les graines de moutarde, l'ail et les tomates. Couvrez et cuisez 8 à 10 heures à faible intensité.

2. Retirez le bœuf de la mijoteuse. Défaites le bœuf en lanières à l'aide de deux fourchettes. Remettez le bœuf dans la mijoteuse et mêlez bien. Servez le mélange de bœuf sur les pains.

Donne 6 à 8 portions

Suggestion de présentation : servez les sandwichs avec de la laitue, des tranches de tomates, de l'oignon rouge tranché ou de la salade de chou.

Sandwichs au bœuf BBQ

1 rôti de paleron de bœuf désossé (environ 1,3 kg - 3 livres)
¼ tasse de ketchup
2 cuillères à table de cassonade
2 cuillères à table de vinaigre de vin rouge
1 cuillère à table de moutarde de Dijon
1 cuillère à table de sauce Worcestershire
1 gousse d'ail écrasée
¼ cuillère à thé de sel
¼ cuillère à thé de liquide fumé
⅛ cuillère à thé de poivre noir
10 à 12 pains français ou pains à sandwichs

1. Placez le bœuf dans la mijoteuse. Combinez les ingrédients qui restent, sauf les pains, dans un bol moyen ; versez sur la viande.

2. Couvrez et cuisez 8 à 9 heures à faible intensité.

3. Retirez le bœuf de la mijoteuse ; défaites-le en lanières avec deux fourchettes. Combinez le bœuf avec 1 tasse de sauce puisée dans la mijoteuse. Répartissez également la viande et le mélange de sauce sur les pains chauds.

Donne 10 à 12 portions

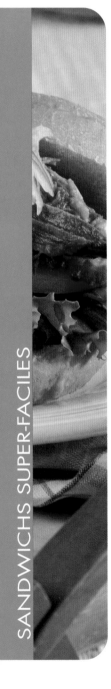

Burritos simples pour toute la famille ▶

1 rôti d'épaule dans le paleron (900 à 1,3 kg - 2 à 3 livres) désossé
1 pot (750 ml - 24 onces) ou 2 pots (500 ml - 16 onces chacun) de salsa
Tortillas de farine

1. Mettez le rôti dans la mijoteuse ; nappez la viande avec la salsa. Couvrez et cuisez 8 à 10 heures à faible intensité.

2. Retirez le bœuf de la mijoteuse. Déchiquetez la viande à l'aide de deux fourchettes. Remettez la viande dans la mijoteuse. Couvrez et cuisez 1 à 2 heures ou jusqu'à ce que ce soit bien chaud.

3. Servez le bœuf déchiqueté dans des rouleaux de tortillas chaudes.

Donne 8 portions

Suggestion de présentation : servez ces burritos avec les garnitures de votre choix, telles que fromage râpé, crème sure, laitue en lanières, tomates hachées, oignon haché ou guacamole.

Bœuf en lanières à l'italienne

1,1 kg (2½ livres) de rôti d'œil de ronde désossé
1 oignon moyen finement tranché
1 boîte (175 ml - 6 onces) de pâte de tomates italiennes assaisonnées
6 cuillères à table de bouillon de bœuf granulé
½ tasse d'eau
12 pains kaiser
12 tranches de fromage provolone

Mettez le rôti dans une mijoteuse de 4 litres (3½ pintes). Ajoutez l'oignon et le reste des ingrédients. Couvrez et cuisez 5 à 6 heures à intensité élevée ou jusqu'à ce que la viande soit tendre. Retirez la viande de la mijoteuse. En vous servant de deux fourchettes, déchiquetez la viande. Remettez la viande dans la mijoteuse et brassez pour l'enrober de sauce. Répartissez également la viande sur les pains kaiser. Garnissez de fromage et servez.

Donne 12 portions

Temps de préparation : 10 minutes
Temps total : 6 heures 10 minutes

Sloppy Joes débordants

1,8 kg (4 livres) de bœuf haché
1 tasse d'oignon haché
1 tasse de poivron vert haché
1 boîte (environ 1800 ml - 28 onces) de sauce tomate
2 boîtes (284 ml - 10 onces chacune) de soupe au tomate condensée,
　　　non diluée
1 tasse de cassonade tassée
¼ tasse de ketchup
3 cuillères à table de sauce Worcestershire
1 cuillère à table de moutarde sèche
1 cuillère à table de moutarde préparée
1½ cuillère à thé de poudre de chili
1 cuillère à thé de poudre d'ail
　　Pains à hamburger grillés

1. Faites dorer la viande dans une grande poêle à feu moyen-vif, en brassant pour défaire la viande. Égouttez. Ajoutez l'oignon et le poivron. Cuisez en brassant 5 à 6 minutes à feu moyen ou jusqu'à ce que les oignons deviennent translucides.

2. Transférez le mélange de viande dans une mijoteuse de 4,5 à 5,7 litres (4 à 5 pintes). Ajoutez les ingrédients qui restent, sauf les pains. Bien mélangez.

3. Couvrez et cuisez 4 à 6 heures à faible intensité. Servez sur les pains.

Donne 20 à 25 portions

Astuce : la distinction spécifique de la cuisson à la mijoteuse réside dans le peu de liquide exigé. Si vous débutez dans la cuisson à la mijoteuse, vous serez étonné de la consistance du mélange avant la cuisson. La mijoteuse produit de la vapeur qui ne peut s'échapper par le couvercle ; cette vapeur se condense et forme le liquide qui s'intègre au mélange. La consistance de celui-ci devient ainsi beaucoup moins épaisse.

Soupe piquante-amère mijotée

3½ tasses de bouillon de poulet
1 tasse de poulet ou de porc cuit haché
½ tasse de chapeaux de champignons shiitake, finement tranchés
½ tasse de pousses de bambou tranchées, coupées en minces languettes
3 cuillères à table de vinaigre de riz ou de vinaigre de vin de riz
2 cuillères à table de sauce soja
1½ cuillère à thé de sauce ou de pâte chili chinoise ou 1 cuillère à thé d'huile de chili piquante
115 g (4 onces) de tofu ferme, bien drainé et coupé en morceaux de 1,3 cm (½ po)
2 cuillères à thé d'huile de sésame foncée
2 cuillères à table de fécule de maïs
2 cuillères à table d'eau froide
Coriandre hachée ou oignons verts tranchés

1. Combinez le bouillon de poulet, le poulet, les champignons, les pousses de bambou, le vinaigre, la sauce soja et la sauce chili dans la mijoteuse. Couvrez et cuisez 3 à 4 heures à faible intensité.

2. Ajoutez en brassant le tofu et l'huile de sésame. Mêlez la fécule de maïs et l'eau jusqu'à l'obtention d'un mélange homogène. Ajoutez en brassant dans la mijoteuse. Couvrez et cuisez 15 minutes à intensité élevée ou jusqu'à ce que la soupe ait épaissi.

3. Servez chaud; garnissez de coriandre.

Donne 4 portions

Temps de préparation: 10 à 15 minutes
Temps total: 3 à 4 heures

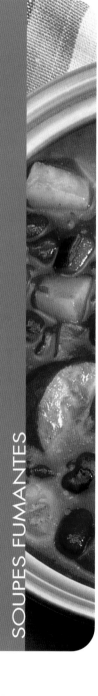

Soupe italienne au bœuf et à l'orge

1 bifteck de haut de surlonge désossé (environ 680 g - 1½ livre)
1 cuillère à table d'huile végétale
4 carottes moyennes ou des navets, coupés en tranches
      de 6 mm (¼ po)
1 tasse d'oignon haché
1 cuillère à thé de thym séché
½ cuillère à thé de romarin séché
¼ cuillère à thé de poivre noir
⅓ tasse d'orge perlé
3½ tasses de bouillon de bœuf
1 boîte (400 ml - 14 onces) de tomates en dés avec
      assaisonnement italien, non égouttées

1. Coupez le bœuf en morceaux de 2,5 cm (1 po). Dans une grande poêle, chauffez l'huile à feu moyen-vif. Faites dorer le bœuf sur tous les côtés ; laissez en attente.

2. Mettez les carottes et l'oignon dans la mijoteuse ; saupoudrez de thym, de romarin et de poivre. Couvrez avec l'orge et le bœuf. Versez le bouillon et les tomates avec leur jus sur la viande.

3. Couvrez et cuisez à faible intensité 8 à 10 heures.

Donne 6 portions

Temps de préparation : 20 minutes
Temps total : 8 à 10 heures

Astuce : choisissez l'orge perlée plutôt que l'orge à cuisson rapide, car une longue cuisson mijotée transformera ce dernier en bouillie.

La soupe poulet et nouilles de Nancy

6 tasses de bouillon de poulet
2 poitrines de poulet sans peau et désossées, coupées en bouchées
4 tasses d'eau
⅔ tasse d'oignon en dés
⅔ tasse de céleri en dés
⅔ tasse de carottes en dés
⅔ tasse de champignons tranchés
½ tasse de pois verts surgelés
4 cubes de bouillon de poulet
2 cuillères à table de margarine
1 cuillère à table de persil séché
1 cuillère à thé de sel
1 cuillère à thé de cumin moulu
1 cuillère à thé de marjolaine séchée
1 cuillère à thé de poivre noir
2 tasses de pâtes aux œufs cuites

1. Combinez tous les ingrédients, sauf les pâtes, dans une mijoteuse de 5 pintes.

2. Couvrez et cuisez 5 à 7 heures à faible intensité ou 3 à 4 heures à intensité élevée. Ajoutez les pâtes 30 minutes avant de servir.

Donne 4 portions

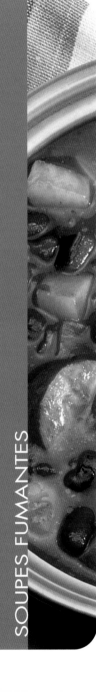

Chaudrée de palourdes ▶

**5 boîtes (284 ml - 10 onces chacune) de crème de pommes de terre
condensée à faible teneur de gras, non diluée**
2 boîtes (350 ml - 12 onces chacune) de lait condensé écrémé
**2 boîtes (284 ml - 10 onces chacune) de petites palourdes entières,
rincées et égouttées**
2 tasses de maïs en crème
**2 boîtes (115 g - 4 onces chacune) de petites crevettes,
rincées et égouttées**
¾ tasse de bacon croustillant émietté
Poivre de citron, au goût
Craquelins aux huîtres

Combinez tous les ingrédients, sauf les craquelins, dans une mijoteuse de 4,5 litres
(4 pintes). Couvrez et cuisez 3 à 4 heures à faible intensité, en brassant occasionnellement. Servez avec les craquelins aux huîtres.

Donne 10 portions

Soupe au bœuf, à l'orge et à l'oignon

900 g (2 livres) de bœuf à ragoût (en cubes de 1,3 cm - ½ po)
3 grosses carottes coupées en tranches de 1,3 cm (½ po)
2 grosses branches de céleri coupées en tranches 1,3 cm (½ po)
4 tasses de bouillon de bœuf
½ cuillère à thé d'origan séché
½ cuillère à thé de sel
¼ de cuillère à thé de poivre noir moulu
½ tasse d'orge
2 tasses d'oignons frits, divisées

1. Combinez le bœuf, les carottes, le céleri, le bouillon et les assaisonnements dans
la mijoteuse. Couvrez et cuisez 7 heures à faible intensité (ou 3½ heures à intensité
élevée) ou jusqu'à ce que la viande et les légumes soient tendres.

2. Ajoutez l'orge en brassant. Couvrez et cuisez 1 heure à faible intensité (ou ½ heure
à intensité élevée) ou jusqu'à ce que l'orge soit tendre. Ajoutez en brassant 1 tasse
d'oignons frits. Servez la soupe dans des bols ; saupoudrez du reste d'oignon.

Donne 8 portions

Temps de préparation: 20 minutes
Temps de cuisson: 8 heures

Soupe vite faite aux haricots noirs ▶

6 tasses de haricots noirs, en boîte, rincés et égouttés
1½ tasse de poivrons verts en dés surgelés, décongelés
2 tasses d'oignons hachés surgelés, décongelés
3½ tasses de bouillon de poulet
1 boîte (400 ml - 14 onces) de tomates en dés avec poivron, céleri et oignon, non égouttées
1 cuillère à thé d'ail émincé en bouteille
1½ cuillère à thé de cumin moulu, divisée
2 cuillères à table d'huile d'olive
¾ cuillère à thé de sel

1. Combinez les haricots, les poivrons, les oignons, le bouillon, les tomates avec leur jus, l'ail et 1 cuillère à thé de cumin dans une mijoteuse.

2. Couvrez et cuisez 8 à 10 heures à faible intensité ou 4 à 5 heures à intensité élevée.

3. En brassant, ajoutez l'huile, le sel et ½ cuillère à thé de cumin tout juste avant de servir.

Donne 8 portions

Soupe à la courge musquée et aux pommes

4½ tasses de courge musquée cuite et écrasée
3½ tasses de bouillon de poulet
1 pomme Golden Delicious moyenne, pelée, le cœur enlevé et hachée
2 cuillères à table d'oignon émincé
1 cuillère à table de cassonade dorée tassée
1 cuillère à thé de sauge fraîche émincée ou ½ cuillère à thé de sauge moulue
¼ de cuillère à thé de gingembre moulu
½ tasse de crème à fouetter ou de moitié-moitié

1. Combinez la courge, le bouillon, la pomme, l'oignon, la cassonade, la sauge et le gingembre dans la mijoteuse.

2. Couvrez et cuisez environ 6 heures à faible intensité ou environ 3 heures à intensité élevée.

3. Réduisez la soupe en purée dans un robot de cuisine ou un mélangeur. Ajoutez la crème en brassant tout juste avant de servir.

Donne 6 à 8 portions

Conseil : pour une soupe plus épaisse, utilisez seulement 3 tasses de bouillon de poulet.

Soupe au bœuf à fajita

450 g (1 livre) de bœuf à ragoût en morceaux
1¾ tasse de haricots pinto, en boîte, rincés et égouttés
1¾ tasse de haricots noirs, en boîte, rincés et égouttés
1 boîte (environ 400 ml - 14 onces) de tomates en dés avec ail rôti, non égouttées
1¾ tasse de bouillon de bœuf
1 petit poivron vert finement tranché
1 petit poivron rouge finement tranché
1 petit oignon finement tranché
1½ tasse d'eau
2 cuillères à thé de cumin moulu
1 cuillère à thé de sel assaisonné
1 cuillère à thé de poivre noir

Garnitures: crème sure, fromage râpé Monterey Jack ou cheddar, olives hachées

1. Combinez tous les ingrédients dans la mijoteuse.

2. Couvrez et cuisez 8 heures à faible intensité.

3. Servez avec la garniture de votre choix.

Donne 8 portions

Astuce: les tomates en dés assaisonnées sauvent du temps quand vous préparez une recette à la mijoteuse. Recherchez les variétés avec assaisonnement à l'italienne, à l'ail rôti, aux champignons et à l'ail, et aux piments verts doux.

Soupe crémeuse à la dinde ▶

2 boîtes (284 ml - 10 onces chacune) de crème de poulet condensée, non diluée
2 tasses de poitrine de dinde cuite hachée
1 tasse de champignons tranchés
1 oignon jaune moyen haché
1 cuillère à thé de sauge émiettée ou ½ cuillère à thé d'assaisonnement à volaille séché
1 tasse de pois verts surgelés, décongelés
½ tasse de lait
1 bocal (environ 125 ml - 4 onces) de pimiento en dés

1. Combinez la soupe, la dinde, les champignons, l'oignon et la sauge dans la mijoteuse.

2. Couvrez et cuisez 8 heures à faible intensité ou 4 heures à intensité élevée.

3. En brassant, ajoutez les pois, le lait et les pimiento. Couvrez et cuisez 15 minutes à intensité élevée ou jusqu'à ce que le mélange soit bien chaud.

Donne 5 ou 6 portions

Soupe française classique à l'oignon

¼ tasse (½ bâtonnet) de beurre
3 gros oignons jaunes tranchés
1 tasse de vin blanc sec
6 tasses de bouillon de bœuf ou de poulet
1 cuillère à thé de sauce Worcestershire
½ cuillère à thé de sel
½ cuillère à thé de thym séché
4 tranches de pain, grillées
1 tasse de fromage suisse râpé
Thym frais pour garnir

1. Dans une grande poêle, faites fondre le beurre à feu moyen-vif. Ajoutez les oignons ; cuisez et brassez 15 minutes ou jusqu'à ce que les oignons soient ramollis et légèrement dorés. Ajoutez le vin en brassant.

2. Combinez le mélange d'oignons, le bouillon, la sauce Worcestershire, le sel et le thym dans la mijoteuse. Couvrez et cuisez 4 à 4½ heures à faible intensité.

3. Servez la soupe à la louche dans 4 bols. Couvrez le dessus avec une tranche de pain et du fromage. Garnir de thym frais si désiré.

Donne 4 portions

Soupe aux légumes ▶

5¼ tasses de bouillon de poulet
3 patates douces, pelées et hachées
3 zucchinis hachés
2 tasses de bouquets de brocoli
2 pommes de terre blanches, pelées et râpées
1 oignon, haché
1 branche de céleri, finement hachée
¼ de tasse (½ bâtonnet) de beurre, fondu
1 cuillère à thé de poivre noir
2 tasses de moitié-moitié ou de lait
1 cuillère à table de sel
1 cuillère à thé de cumin moulu

1. Combinez le bouillon de poulet, les patates douces, les zucchinis, le brocoli, les pommes de terre blanches, l'oignon, le céleri, le beurre et le poivre dans la mijoteuse.

2. Couvrez et cuisez 8 à 10 heures à faible intensité ou 4 à 5 heures à intensité élevée.

3. Ajoutez le moitié-moitié, le sel et le cumin. Couvrez et cuisez de 30 minutes à 1 heure jusqu'à ce que la soupe soit bien chaude.

Donne 12 portions

Soupe consistante aux pommes de terre et au fromage

2 livres de pommes de terre à cuire au four, pelées et coupées en cubes de 1,3 cm (½ po)
2 boîtes (284 ml - 10 onces chacune) de crème de champignon condensée
1½ tasse d'oignons verts finement hachés, divisés
¼ cuillère à thé de poudre d'ail
⅛ cuillère à thé de poivre rouge moulu
1½ tasse de fromage cheddar vieilli râpé
1 tasse de crème sure
1 tasse de lait
Poivre noir

1. Combinez les pommes de terre, la crème, 1 tasse d'oignon, la poudre d'ail et le poivre rouge dans la mijoteuse. Couvrez et cuisez 8 heures à faible intensité ou 4 heures à intensité élevée.

2. Ajoutez le fromage, la crème sure et le lait. Brassez jusqu'à ce que le fromage soit fondu. Couvrez et cuisez 10 minutes à intensité élevée. Poivrez au goût avec le poivre noir. Garnissez du reste d'oignon.

Donne 7 portions

Moyen

Soupe aux pommes de terre, aux épinards et au Gouda

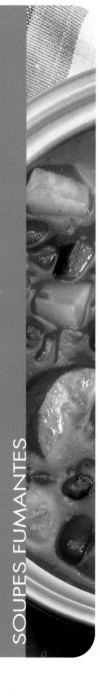

9 pommes de terre moyennes Yukon Gold, pelées et coupées en cubes (environ 6 tasses)
3½ tasses de bouillon de poulet
½ tasse d'eau
1 petit oignon rouge, finement haché
½ tasse de jeunes feuilles d'épinard
½ cuillère à thé de sel
¼ cuillère à thé de poivre rouge moulu
¼ cuillère à thé de poivre noir
2½ tasses de fromage Gouda fumé râpé, divisées
1 boîte (350 ml - 12 onces) de lait condensé
1 cuillère à table d'huile d'olive
4 gousses d'ail, coupées en fines tranches
5 à 7 brins de persil, finement hachés

1. Combinez les pommes de terre, le bouillon de poulet, l'eau, l'oignon, les épinards, le sel et les deux poivres dans une mijoteuse de 4 pintes.

2. Couvrez et cuisez 10 heures à faible intensité ou jusqu'à ce que les pommes de terres soient tendres.

3. Écrasez un peu les pommes de terre dans la mijoteuse; ajoutez 2 tasses de Gouda et le lait condensé. Couvrez et cuisez 15 à 20 minutes à intensité élevée ou jusqu'à ce que le fromage soit fondu.

4. Chauffez l'huile dans une petite poêle à feu doux. Cuisez en brassant l'ail pour le faire dorer; laissez en attente. Servez la soupe dans des bols. Saupoudrez 2 ou 3 cuillères à thé de Gouda dans chaque bol. Ajoutez une cuillerée d'ail au milieu de chaque bol; saupoudrez du persil.

Donne 8 à 10 portions

Soupe à l'andouille aux haricots rouges

2 cuillères à table de beurre non salé
1 gros oignon doux, en dés
3 branches de céleri, en dés
2 grosses gousses d'ail, hachées
8 tasses de bouillon de poulet
1 jarret de porc
1½ tasse de haricots rouges secs, trempés 1 heure dans l'eau froide,
   égouttés et rincés
1 feuille de laurier
2 panais, en dés
1 patate douce, en dés
450 g (1 livre) d'andouille fumée ou autre saucisse de porc fumée,
   coupée en morceaux de 1,3 cm - ½ po
Sel et poivre noir

1. Faites fondre le beurre dans une grande poêle à feu moyen. Ajoutez l'oignon, le céleri et l'ail. Cuisez en brassant pendant 5 minutes. Mettez dans une mijoteuse de 5,7 – 6,8 litres (5 ou 6 pintes). Ajoutez le bouillon, le jarret de porc, les fèves rouges et la feuille de laurier. Couvrez et cuisez 2 heures à intensité élevée.

2. Retirez et jetez le jarret de porc. Ajoutez les panais et la patate douce. Couvrez et cuisez 2 heures à intensité élevée.

3. Ajoutez la saucisse. Couvrez et cuisez pendant 30 minutes additionnelles ou jusqu'à ce que la saucisse soit bien chaude. Retirez et jetez la feuille de laurier. Salez et poivrez.

Donne 6 à 8 portions

Note : utilisez une mijoteuse de 5,7 – 6,8 litres (5 ou 6 pintes) pour cette recette. Si vous utilisez une mijoteuse de moindre capacité, réduire les quantités de moitié.

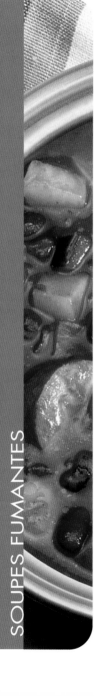

Chaudrée de poulet et de légumes

450 g (1 livre) de poitrines de poulet désossées et sans peau, coupées en morceaux de 2,5 cm (1 po)
1 ¾ tasse de bouillon de poulet à teneur réduite de sel
1 boîte (284 ml - 10 onces) de crème de pommes de terre condensée
1 ¼ tasse de bouquets de brocoli surgelés, décongelés
1 tasse de carottes tranchées
1 boîte (125 ml - 4 onces) de champignons tranchés, égouttés
½ tasse d'oignon haché
½ tasse de maïs en grains
2 gousses d'ail, émincées
½ cuillère à thé de thym séché
⅓ tasse de moitié-moitié

1. Combinez le poulet, le bouillon, la crème de pommes de terre, le brocoli, les carottes, les champignons, l'oignon, le maïs, l'ail et le thym dans la mijoteuse ; mélangez à fond.

2. Couvrez et cuisez 5 à 6 heures à faible intensité.

3. Ajoutez le moité-moitié en brassant. Couvrez et cuisez 15 minutes à intensité élevée ou jusqu'à ce que tout soit bien chaud.

Donne 6 portions

Variante : ajoutez ½ tasse de fromage suisse ou de cheddar râpé tout juste avant de servir. Réglez la mijoteuse à faible intensité et brassez jusqu'à ce que le fromage soit fondu.

Astuce : ajoutez toujours les produits laitiers frais dans la mijoteuse durant les 15 à 30 dernières minutes de cuisson.

Soupe aux nouilles et aux haricots

3½ tasses de bouillon de bœuf à teneur réduite de sel
1¾ tasse de haricots Great Northern, en boîte, rincés et égouttés
1 boîte (400 ml - 14 onces) de tomates en dés, non égouttées
2 zucchinis moyens, coupés en quatre dans le sens de la longueur, puis tranchés
1 cuillère à table d'huile d'olive
1½ cuillère à thé d'ail émincé
½ cuillère à thé de basilic séché
½ cuillère à thé d'origan séché
½ tasse de pâtes tubetti, ditali ou coquillettes non cuites
½ tasse de croûtons assaisonnés à l'ail
½ tasse de fromage asiago ou romano
3 cuillères à table de basilic frais haché ou de persil italien (facultatif)

1. Combinez le bouillon, les haricots, les tomates avec leur jus, les zucchinis, l'huile, l'ail, le basilic et l'origan dans la mijoteuse ; mélangez à fond. Couvrez et cuisez 3 à 4 heures à faible intensité.

2. En brassant, ajoutez les pâtes. Couvrez et cuisez 1 heure à faible intensité ou jusqu'à ce que les pâtes soient tendres.

3. Servez la soupe avec les croûtons et le fromage. Garnissez de basilic frais, si désiré.

Donne 5 à 6 portions

Temps de préparation : 12 minutes
Temps de cuisson : 4 à 5 heures

Astuce : seules les pâtes de petit format, comme les tubetti, les ditali et les coquillettes, devraient être utilisées dans cette recette. La faible chaleur d'une mijoteuse ne suffit pas à cuire complètement des pâtes de plus grandes tailles.

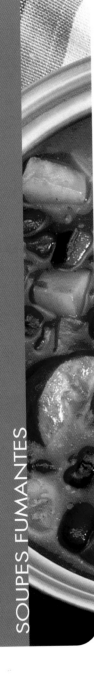

Chaudrée de jambon et de légumes de la ferme ▶

2 boîtes (384 ml - 10 onces chacune) de crème de céleri condensée, non diluée
2 tasses de jambon cuit en dés
1¼ tasse de maïs surgelé, décongelé
1 grosse pomme de terre à cuire au four, coupée en morceaux de 1,3 cm (½ po)
1 poivron rouge moyen, en dés
½ cuillère à thé de thym séché
2 tasses de petits bouquets de brocoli
½ tasse de lait

1. Combinez la crème de céleri, le jambon, le maïs, la pomme de terre, le poivron et le thym dans la mijoteuse ; mélangez à fond.

2. Couvrez et cuisez 6 à 8 heures à faible intensité ou 3 à 4 heures à intensité élevée.

3. Ajoutez le brocoli et le lait en brassant. Couvrez et cuisez 15 à 30 minutes à intensité élevée ou jusqu'à ce que le brocoli soit attendri tout en restant croustillant.

Donne 6 portions

Soupe italienne aux légumes

1 boîte (400 ml - 14 onces) de tomates en dés, non égouttées
1¼ tasse de bouillon de bœuf condensé
1 tasse de champignons tranchés
1 oignon jaune moyen, haché
1 zucchini moyen, finement tranché
1 poivron vert moyen, haché
⅓ tasse de vin rouge sec ou de bouillon de bœuf
1½ cuillère à table de basilic séché
2½ cuillères à table de sucre
1 cuillère à table d'huile d'olive
½ cuillère à thé de sel
1 tasse de fromage mozzarella râpé (facultatif)

1. Combinez les tomates, le bouillon, les champignons, l'oignon, le zucchini, le poivron vert, le vin, le basilic et le sucre dans la mijoteuse.

2. Couvrez et cuisez 8 heures à faible intensité ou 4 heures à intensité élevée.

3. Ajoutez l'huile et le sel en brassant la soupe. Garnissez de fromage râpé, si désiré.

Donne 5 à 6 portions

Soupe hamburger

450 g (1 livre) de bœuf haché maigre
1 tasse de céleri tranché
1 tasse de carottes finement tranchées
1 sachet (30 g - 1 once) de mélange déshydraté pour soupe
à l'oignon
1 sachet (30 g - 1 once) de mélange pour vinaigrette italienne
¼ cuillère à thé de sel assaisonné
¼ cuillère à thé de poivre noir
3 tasses d'eau bouillante
1 boîte (400 ml - 14 onces) de tomates en dés, non égouttées
1 tasse de sauce tomate
1 cuillère à table de sauce soja
2 tasses de macaronis cuits
¼ tasse de fromage parmesan râpé
2 cuillères à table de persil frais haché

1. Faites dorer le bœuf dans une grande poêle à feu moyen-vif, en brassant pour défaire la viande. Égouttez. Mettez le céleri et les carottes dans la mijoteuse. Recouvrez avec le bœuf, le mélange à soupe, le mélange à vinaigrette, le sel assaisonné et le poivre. Ajoutez l'eau, les tomates avec leur jus, la sauce tomate et la sauce soja.

2. Couvrez et cuisez 6 à 8 heures à faible intensité.

3. Ajoutez les macaronis et le fromage parmesan en brassant. Couvrez et cuisez 15 à 30 minutes à intensité élevée ou jusqu'à ce que tout soit bien chaud. Parsemez de persil tout juste avant de servir.

Donne 6 à 8 portions

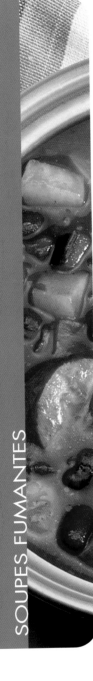

Chaudrée de pommes de terre et de crabe ▶

1¼ tasse de maïs surgelé, décongelé
1 tasse de pommes de terre sautées surgelées, décongelées
¾ tasse de carottes finement hachées
1 cuillère à thé de thym séché
¾ cuillère à thé de poivre d'ail
3 tasses de bouillon de poulet sans gras et à teneur réduite de sel
½ tasse d'eau
1 tasse de lait condensé
3 cuillères à table de fécule de maïs
1 boîte (170g - 6 onces) de chair de crabe, égouttée
½ tasse d'oignons verts tranchés

1. Mettez le maïs, les pommes de terre et les carottes dans la mijoteuse. Parsemez de thym et de poivre d'ail. Ajoutez le bouillon et l'eau.

2. Couvrez et cuisez 4 à 5 heures à faible intensité.

3. Brassez le lait condensé et la fécule de maïs jusqu'à l'obtention d'un mélange lisse. Ajoutez dans la mijoteuse en brassant. Couvrez et cuisez 15 à 30 minutes à intensité élevée. Tout juste avant de servir, ajoutez la chair de crabe et les oignons verts en brassant.

Donne 5 portions

Soupe rustique aux légumes

1 ou 2 pommes de terre à cuire au four, coupées en morceaux de 1,3 cm (½ po)
2 tasses de sauce piquante
1¼ tasse de macédoine de légumes surgelée, décongelée
1¼ tasse de haricots verts coupés surgelés, décongelés
1¼ tasse de bouillon de bœuf condensé, non dilué
1 poivron vert moyen, haché
½ cuillère à thé de sucre
¼ tasse de persil frais haché finement

Combinez tous les ingrédients, sauf le persil, dans la mijoteuse. Couvrez et cuisez 8 heures à faible intensité ou 4 heures à intensité élevée. Ajoutez le persil en brassant, puis servez.

Donne 8 portions

Minestrone à la milanaise

1 tasse de pommes de terre en dés
1 tasse de carottes grossièrement coupées
3½ tasses de bouillon de bœuf à teneur réduite de sel
1 boîte (400 ml - 14 onces) de tomates en dés, non égouttées
1 tasse de chou vert grossièrement haché
1 tasse de zucchini tranché
¾ tasse d'oignon haché
¾ tasse de haricots verts frais, tranchés
¾ tasse de céleri grossièrement haché
¾ tasse d'eau
2 cuillères à table d'huile d'olive
1 gousse d'ail, émincée
½ cuillère à thé de basilic séché
¼ cuillère à thé de romarin séché
1 feuille de laurier
1¾ tasse de haricots cannellini, en boîte, rincés et égouttés
Fromage parmesan râpé (facultatif)

1. Combinez tous les ingrédients, sauf les haricots cannellini et le fromage, dans la mijoteuse ; mélangez à fond. Couvrez et cuisez 5 à 6 heures à faible intensité.

2. Ajouter les haricots cannellini. Couvrez et cuisez 1 heure à faible intensité ou jusqu'à ce que les légumes soient attendris tout en restant croustillants.

3. Retirez et jetez la feuille de laurier. Garnissez de fromage, si désiré.

Donne 8 à 10 portions

Soupe aux pommes de terre et aux saucisses de feu de camp ▶

225 g (½ livre) de saucisses kielbasa
1 grosse pomme de terre à cuire au four, coupée en cubes de 1,3 cm (½ po)
1¾ tasse de haricots rouge foncé, en boîte, rincés et égouttés
1 boîte (400 ml - 14 onces) de tomates en dés, non égouttées
1⅓ tasse de consommé de bœuf
1 oignon moyen, en dés
1 poivron vert moyen, en dés
1 cuillère à thé d'origan séché
½ cuillère à thé de sucre
1 à 2 cuillères à thé de cumin moulu

1. Coupez la saucisse en moitié dans le sens de la longueur, puis dans le sens contraire en morceaux de 1,3 cm (½ po). Combinez tous les ingrédients, sauf le cumin, dans la mijoteuse.

2. Couvrez et cuisez 8 heures à faible intensité ou 4 heures à intensité élevée.

3. Assaisonnez avec le cumin avant de servir.

Donne 6 à 7 portions

Soupe mijotée au poulet et au riz sauvage

½ tasse de riz sauvage non cuit, rincé à fond
2 carottes moyennes, pelées et râpées
2 branches de céleri, finement tranchées
1 gros oignon jaune, haché
5½ tasses d'eau
2 cuillères à table de bouillon à saveur de poulet
1 tasse de crème à fouetter épaisse
2 cuillères à table de farine tout-usage
2 (285 g - 10 onces) boîtes de morceaux de poitrines de poulet
Amandes tranchées, pour la garniture

Dans une grosse (6,8 litres - 6 pintes) mijoteuse, combinez tous les ingrédients, sauf la crème à fouetter, la farine et les morceaux de poulet. Couvrez et cuisez 4 heures à faible intensité ou jusqu'à ce que le riz soit tendre. Tout juste avant de servir, combinez la crème à fouetter et la farine. Brassez lentement le mélange de crème dans la soupe et ajoutez les morceaux de poulet. Cuisez en brassant constamment de 5 à 10 minutes ou jusqu'à ce que la soupe épaississe un peu et que le poulet soit bien chaud. Servez à la louche dans des bols et garnissez d'amandes tranchées.

Donne 6 à 8 portions

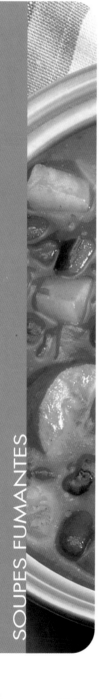

Soupe méditerranéenne aux crevettes

3½ **tasses de bouillon de poulet à teneur réduite de sel**
1 **boîte (400 ml - 14 onces) de tomates en dés, non égouttées**
1 **tasse de sauce tomate**
1 **oignon moyen, haché**
½ **poivron vert moyen, haché**
½ **tasse de jus d'orange**
½ **tasse de vin blanc sec (facultatif)**
1 **boîte (80 ml - 2½ onces) de champignons tranchés**
¼ **tasse d'olives noires, tranchées**
2 **gousses d'ail, émincées**
1 **cuillère à thé de basilic séché**
2 **feuilles de laurier**
¼ **cuillère à thé de graines de fenouil, broyées**
⅛ **cuillère à thé de poivre noir**
450 g **(1 livre) de crevettes moyennes crues, décortiquées**

Mettez tous les ingrédients, sauf les crevettes, dans la mijoteuse. Couvrez et cuisez 4 à 4½ heures à faible intensité ou jusqu'à ce que les légumes soient tendres et croustillants à la fois. Ajoutez les crevettes en brassant. Couvrez et cuisez 15 à 30 minutes ou jusqu'à ce que les crevettes soient opaques. Retirez et jetez les feuilles de laurier.

Donne 6 portions

Note : pour une soupe plus consistante, ajoutez du poisson. Coupez du poisson blanc à chair ferme, comme la morue ou l'aiglefin, en morceaux de 2,5 cm (1 po). Ajoutez le poisson dans la mijoteuse 45 minutes avant de servir. Couvrez et cuisez à faible intensité.

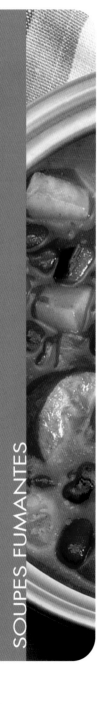

Soupe à la saucisse, aux haricots beurre et au chou

2 cuillères à table de beurre, divisées
1 gros oignon, haché
340 g (12 onces) de saucisses fumées, comme la kielbasa
    ou l'andouille, coupées en tranches de 1,3 cm (½ po)
8 tasses de bouillon de poulet
½ chou de Savoie, grossièrement déchiqueté
3 cuillères à table de pâte de tomate
1 feuille de laurier
4 tomates moyennes, hachées
2 boîtes (environ 400 ml - 14 onces chacune) de haricots beurre,
    égouttés
Sel et poivre noir

1. Faites fondre 1 cuillère à table de beurre dans une grande poêle à feu moyen. Ajoutez l'oignon ; cuisez en brassant 3 à 4 minutes ou jusqu'à ce que les oignons soient dorés. Transférez dans une mijoteuse de 4 à 4½ litres (3½ à 4 pintes).

2. Faites fondre 1 cuillère à table de beurre dans la même poêle ; cuisez les morceaux de saucisse jusqu'à ce qu'ils soient dorés sur tous les côtés. Ajoutez-les dans la mijoteuse.

3. Mettez le bouillon de poulet, le chou, la pâte de tomate et la feuille de laurier dans la mijoteuse ; brassez pour bien mélanger. Couvrez et cuisez 4 heures à faible intensité ou 2 heures à intensité élevée.

4. Ajoutez les tomates et les haricots ; salez et poivrez. Couvrez et cuisez 1 heure, jusqu'à ce que tout soit bien chaud. Retirez et jetez la feuille de laurier.

Donne 6 portions

Conseil : le chou de Savoie est un excellent chou de cuisson, dont le bourgeon est constitué de feuilles chiffonnées qui varient du vert foncé au vert pâle. On peut lui substituer du chou vert.

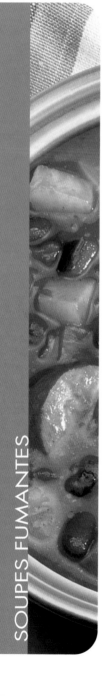

Soupe fiesta aux haricots noirs ▶

6 tasses de bouillon de poulet
1½ tasse de pommes de terre, pelées et coupées en dés
1¾ tasse de haricots noirs, en boîte, rincés et égouttés
1 tasse de jambon cuit, en dés
½ oignon, en dés
1 boîte (115 g - 4 onces) de piments jalapeño hachés
2 gousses d'ail, émincées
2 cuillères à thé d'origan séché
1½ cuillère à thé de thym séché
1 cuillère à thé de cumin moulu
Garnitures: crème sure, poivron haché et tomates hachées

1. Combinez le bouillon, les pommes de terre, les haricots, le jambon, l'oignon, les piments jalapeño, l'ail, l'origan, le thym et le cumin dans la mijoteuse ; mélangez à fond.

2. Couvrez et cuisez 8 à 10 heures à faible intensité ou 4 à 5 heures à intensité élevée.

3. Ajustez l'assaisonnement. Servez avec vos garnitures préférées.

Donne 6 à 8 portions

Soupe aux légumes et aux lentilles rouges

1¾ tasse de bouillon de légumes
1 boîte (400 ml - 14 onces) de tomates en dés, non égouttées
2 zucchinis moyens ou courges d'été jaunes
(ou 1 de l'un et l'autre), en dés
1 poivron rouge ou jaune, en dés
½ tasse de carottes finement tranchées
½ tasse de lentilles rouges, triées et rincées*
½ cuillère à thé de sel
½ cuillère à thé de sucre
¼ cuillère à thé de poivre noir fraîchement moulu
2 cuillères à table de basilic ou de thym frais haché
½ tasse de croûtons ou de fromage râpé (facultatif)

*Si vous avez de la difficulté à trouver des lentilles rouges, substituez-leur des lentilles brunes.

Vaporisez l'intérieur de la mijoteuse d'enduit à cuisson antiadhésif. Combinez le bouillon, les tomates, les courges, le poivron, les carottes, les lentilles, le sel, le sucre et le poivre dans la mijoteuse ; mélangez à fond. Couvrez et cuisez 8 heures à faible intensité ou 4 heures à intensité élevée, ou jusqu'à ce que les lentilles et les légumes soient tendres. Servez à la louche dans des bols peu profonds ; garnissez de basilic et de croûtons, si désiré.

Donne 4 portions

Chaudrée crémeuse de fruits de mer ▶

4 tasses de moitié-moitié
2 boîtes (environ 450 ml - 15 onces chacune) de pommes de terre
blanches entières, égouttées et coupées en cubes
2 boîtes (284 ml - 10 onces) de crème de champignons condensée,
non diluée
1 sac (450 g - 16 onces) de pommes de terres sautées surgelées,
décongelées
1 oignon moyen, émincé
½ tasse (1 bâtonnet) de beurre, en dés
1 cuillère à thé de sel
1 cuillère à thé de poivre noir
5 boîtes (environ 225 g - 8 onces chacune) d'huîtres entières,
égouttées et rincées
2 boîtes (environ 170 g - 6 onces chacune) de palourdes émincées
2 boîtes (environ 115 g - 4 onces chacune) de crevettes cocktail,
égouttées et rincées

1. Combinez le moitié-moitié, les pommes de terre en boîte, la crème, les pommes de terre sautées, l'oignon, le beurre, le sel et le poivre dans une mijoteuse de 5,7 à 6,8 litres (5 ou 6 pintes). Mélangez à fond.

2. Ajouter les huîtres, les palourdes et les crevettes ; brassez délicatement.

3. Couvrez et cuisez 4 à 5 heures à faible intensité.

Donne 8 à 10 portions

Soupe aux haricots blancs et au jambon

6 tasses d'eau
5 tasses de haricots blancs secs, mis à tremper toute la nuit
et égouttés
2 tasses de jambon, en cubes
1¾ tasse de maïs en boîte, égoutté
1 boîte (125 ml - 4 onces) de chilis verts doux, égouttés
1 oignon, en dés
Sel et poivre noir au goût

Mettez tous les ingrédients dans la mijoteuse. Couvrez et cuisez 8 à 10 heures à faible intensité ou jusqu'à ce que les haricots soient attendris.

Donne 6 portions

Gumbo à la saucisse fumée

1 boîte (400 ml - 14 onces) de tomates en dés, non égouttées
1 tasse de bouillon de poulet
¼ tasse de farine tout-usage
2 cuillères à table d'huile d'olive
680 g (¾ livre) de saucisse polonaise, coupée en morceaux
    de 1,3 cm (½ po)
1 oignon moyen, en dés
1 poivron vert, en dés
2 branches de céleri, hachées
1 carotte, pelée et hachée
2 cuillères à thé d'origan séché
2 cuillères à thé de thym séché
⅛ cuillère à thé de poivre rouge moulu
Riz cuit chaud
Persil haché (facultatif)

1. Combinez les tomates avec leur jus et le bouillon dans la mijoteuse. Saupoudrez le fond d'une petite poêle de la farine en la répartissant également. Cuisez à feu vif sans brasser pendant 3 à 4 minutes ou jusqu'à ce que la farine commence à dorer. Réduisez le feu à moyenne intensité ; brassez la farine pendant environ 4 minutes. Ajoutez l'huile jusqu'à ce que le mélange soit lisse. À l'aide d'un fouet, ajoutez délicatement le mélange de farine dans la mijoteuse.

2. Ajoutez la saucisse, l'oignon, le poivron, le céleri, la carotte, l'origan, le thym et le poivre rouge dans la mijoteuse. Mélangez à fond. Couvrez et cuisez 4½ à 5 heures à faible intensité.

3. Servez le gumbo sur du riz. Garnissez de persil, si désiré.

Donne 4 portions

Conseil : si le gumbo épaissit pendant qu'il est en attente, mélangez-y du bouillon.

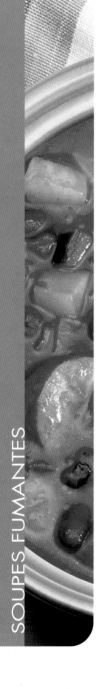

Soupe aux pommes de terre et aux poireaux

4 tasses de bouillon de poulet
3 pommes de terre, pelées et coupées en dés
1½ tasse de chou haché
1 poireau, en dés
1 oignon, haché
2 carottes, en dés
¼ tasse de persil frais haché
1 cuillère à thé de sel
½ cuillère à thé de graines de carvi
½ cuillère à thé de poivre noir
1 feuille de laurier
½ tasse de crème sure
450 g (1 livre) de bacon, cuit, croustillant et émietté

1. Combinez le bouillon, les pommes de terre, le chou, le poireau, l'oignon, les carottes, le persil, le sel, les graines de carvi, le poivre et la feuille de laurier dans la mijoteuse ; mélangez à fond.

2. Couvrez et cuisez 8 à 10 heures à faible intensité ou 4 à 5 heures à intensité élevée.

3. Retirez et jetez la feuille de laurier. Combinez ½ tasse du liquide chaud de la mijoteuse à la crème sure dans un petit bol. Ajoutez le mélange et le bacon dans la mijoteuse ; brassez à fond.

Donne 6 à 8 portions

Astuce : la crème sure a tendance à cailler quand elle est mise au contact d'un liquide chaud. Pour éviter cela, fouetter un peu de liquide chaud à la crème sure, puis ajoutez le mélange de crème sure au contenu de la mijoteuse.

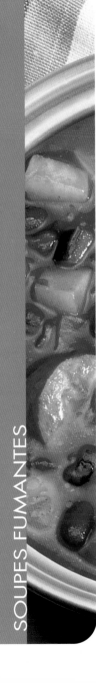

Chaudrée facile de maïs

3½ **tasses de bouillon de poulet**
2 **tasses de grains de maïs surgelés, décongelés**
3 **petites pommes de terre, pelées et coupées en morceaux de 1,3 cm (½ po)**
1 **poivron rouge, en dés**
1 **oignon moyen, en dés**
1 **branche de céleri, tranchée**
½ **cuillère à thé de sel**
½ **cuillère à thé de poivre noir**
¼ **cuillère à thé de coriandre moulue**
½ **tasse de crème épaisse**
8 **tranches de bacon, cuites, croustillantes et émiettées**

1. Mettez le bouillon, le maïs, les pommes de terre, le poivron, l'oignon, le céleri, le sel, le poivre noir et la coriandre dans la mijoteuse. Couvrez et cuisez 7 à 8 heures à faible intensité.

2. À l'aide d'un pilon à pommes de terre, écrasez partiellement le mélange de soupe pour l'épaissir. Ajoutez la crème en brassant ; cuisez à découvert à intensité élevée jusqu'à ce que le tout soit bien chaud. Ajustez l'assaisonnement, si désiré. Garnissez de bacon.

Donne 6 portions

Temps de préparation: 15 minutes
Temps de cuisson: 7 à 8 heures

Soupe végétarienne aux légumes et aux haricots

5 tasses de bouillon de légumes
2 tasses de pommes de terre non pelées en cubes
2 tasses de poireaux tranchés, le blanc seulement
   (environ 3 poireaux moyens)
1 boîte (400 ml - 14 onces) de tomates en dés, non égouttées
1 oignon moyen, haché
1 tasse de chou haché ou déchiqueté
1 tasse de céleri tranché
1 tasse de carottes pelées tranchées
3 gousses d'ail, hachées
⅛ cuillère à thé de romarin séché
2 tasses de haricots Great Northern, en boîte, rincés et égouttés
   Sel et poivre noir

1. Combinez le bouillon, les pommes de terre, les poireaux, les tomates, l'oignon, le chou, le céleri, les carottes, l'ail et le romarin dans la mijoteuse.

2. Couvrez et cuisez 8 heures à faible intensité.

3. Ajoutez les haricots en brassant; salez et poivrez. Couvrez et cuisez environ 30 minutes ou jusqu'à ce que les haricots soient bien chauds.

Donne 10 portions

Chilis maison

Grand chili

680 g (1½ livre) de bœuf haché
1½ tasse d'oignon haché
1 tasse de poivron vert haché
2 gousses d'ail, émincées
6 tasses de haricots rouge foncé, en boîte, rincés et égouttés
1 boîte (800 ml - 28 onces chacune) de sauce tomate
1 boîte (400 ml - 14 onces) de tomates en dés, non égouttées
2 à 3 cuillères à table de poudre de chili
1 à 2 cuillères à thé de moutarde forte sèche
¾ cuillère à thé de basilic séché
½ cuillère à thé de poivre noir
1 à 2 chilis piquants (facultatif)

1. En brassant, cuisez le bœuf haché, l'oignon, le poivron et l'ail dans une grande poêle jusqu'à ce que la viande soit dorée et l'oignon, tendre. Égouttez. Mettez le mélange de bœuf dans une mijoteuse de 5 pintes.

2. Ajoutez les haricots, la sauce tomate, les tomates avec leur jus, la poudre de chili, la moutarde, le basilic, le poivre noir et les chilis, si désiré ; mélangez à fond.

3. Couvrez et cuisez 8 à 10 heures à faible intensité ou 4 à 5 heures à intensité élevée. Au goût, retirez les chilis avant de servir.

Donne 6 portions

[Un peu d'histoire : souvent associé à la cuisine mexicaine, le chili con carne est pratiquement inconnu au Mexique. Ce mets serait plutôt originaire de San Antonio, au Texas.]

CHILIS MAISON

Chili frugal ▶

900 g (2 livres) de bœuf haché
  4 tasses de sauce tomate
  6 tasses de haricots à chili dans une sauce douce ou piquante, non égouttés
  Fromage cheddar râpé
  Oignons verts tranchés

1. Faites dorer le bœuf dans une grande poêle antiadhésive à feu moyen-vif, en brassant pour défaire la viande. Égouttez. Combinez le bœuf, la sauce tomate et les haricots avec leur sauce dans la mijoteuse ; mélangez à fond.

2. Couvrez et cuisez 6 à 8 heures à faible intensité.

3. Servez en garnissant de fromage et d'oignons.   *Donne 8 portions*

Chili au poulet et aux haricots noirs

455 g (1 livre) de cuisses de poulet désossées sans peau, coupées en morceaux de 2,5 cm (1 po)
  2 cuillères à thé de poudre de chili
  2 cuillères à thé de cumin moulu
  ¾ cuillère à thé de sel
  1 poivron vert, en dés
  1 petit oignon, haché
  3 gousses d'ail, émincées
  1 boîte (400 ml - 14 onces) de tomates en dés, non égouttées
  1 tasse de salsa
  1¾ tasse de haricots noirs, en boîte, rincés et égouttés
Garnitures au choix : crème sure, avocat mûr en dés, fromage cheddar râpé, oignons verts tranchés ou coriandre hachée, tortillas ou croustilles de maïs broyées

1. Vaporisez l'intérieur de la mijoteuse d'enduit à cuisson antiadhésif. Combinez le poulet, la poudre de chili, le cumin et le sel dans la mijoteuse en brassant pour bien enduire le poulet. Ajoutez le poivron, l'oignon et l'ail ; mélangez à fond. En brassant, ajoutez les tomates avec leur jus et la salsa. Couvrez et cuisez 5 à 6 heures à faible intensité ou 2½ à 3 heures à intensité élevée, ou jusqu'à ce que le poulet soit tendre.

2. Réglez la mijoteuse à intensité élevée ; ajoutez les haricots en brassant. Couvrez et cuisez 5 à 10 minutes ou jusqu'à ce que les haricots soient bien chauds. Transférez à la louche dans des bols peu profonds ; garnissez selon vos goûts.

Donne 4 portions

Chili végétarien doublement copieux et rapide

4 tasses de haricots rouge foncé, en boîte, rincés et égouttés
2 tasses de mélange de poivrons sautés surgelés, décongelés,
    ou 2 poivrons* hachés
1 boîte (400 ml - 14 onces) de tomates en dés aux piments,
    au céleri et aux oignons
1 tasse de grains de maïs surgelés, décongelés
3 cuillères à table de poudre de chili
2 cuillères à thé de sucre
2 cuillères à thé de cumin moulu, divisées
1 cuillère à table d'huile d'olive
½ cuillère à thé de sel
    Crème sure
    Feuilles de coriandre hachées

*Si vous utilisez des poivrons frais, ajoutez un petit oignon haché.

1. Combinez les haricots, les poivrons, les tomates, le maïs, la poudre de chili, le sucre et 1 ½ cuillère à thé de cumin dans la mijoteuse ; mélangez à fond.

2. Couvrez et cuisez 6 heures à faible intensité ou 3 heures à intensité élevée.

3. En brassant, ajoutez l'huile d'olive, le sel et ½ cuillère à thé de cumin. Servez en garnissant d'une cuillerée de crème sure saupoudrée de coriandre.

Donne de 4 à 6 portions

Chili consistant ▶

450 g (1 livre) de bœuf haché maigre
1 oignon moyen, haché
1 boîte (800 ml - 28 onces) de tomates en dés, non égouttées
1¾ tasse de haricots pinto, en boîte, rincés et égouttés
½ tasse de salsa préparée
1 cuillère à table de poudre de chili
1½ cuillère à thé de cumin moulu
Sel et poivre noir
½ tasse de fromage cheddar râpé
3 cuillères à table de crème sure
Olives noires tranchées

1. En brassant, cuisez le bœuf et l'oignon dans une grande poêle à feu moyen-vif jusqu'à ce que le bœuf soit doré et l'oignon, tendre. Égouttez le gras. Mettez le mélange de bœuf, les tomates avec leur jus, les haricots, la salsa, la poudre de chili et le cumin dans la mijoteuse ; brassez le tout.

2. Couvrez et cuisez 5 à 6 heures à faible intensité ou jusqu'à ce que les saveurs se soient mariées et que le chili soit en ébullition. Salez et poivrez au goût. Servez et garnissez avec le fromage, la crème sure et les olives.

Donne 4 portions de 1½ tasse chacune

Chili noir et blanc

Enduit à cuisson antiadhésif en aérosol
450 g (1 livre) de filets de poulet, coupés en morceaux de 2 cm (¾ po)
1 tasse d'oignon grossièrement haché
1¾ tasse de haricots Great Northern, en boîte, rincés et égouttés
1¾ tasse de haricots noirs, en boîte, rincés et égouttés
1 boîte (400 ml - 14 onces) de tomates étuvées de style mexicain, non égouttées
2 cuillères à table d'assaisonnement à la poudre de chili de style texan

1. Vaporisez une grande casserole d'enduit à cuisson ; chauffez à feu moyen jusqu'à ce qu'elle soit chaude. Ajoutez-y le poulet et l'oignon ; en brassant, cuisez 5 minutes ou jusqu'à ce que le poulet soit doré.

2. Combinez le mélange de poulet, les haricots, les tomates avec leur jus et l'assaisonnement au chili dans la mijoteuse. Couvrez et cuisez 4 à 4½ heures à faible intensité.

Donne 6 portions

Suggestion de présentation: pour varier, ce délicieux chili se révélera excellent si vous le servez sur un lit de riz ou de pâtes.

Simplement « Chili » ▶

1,3 kg (3 livres) de bœuf haché cuit
1 boîte (800 ml - 28 onces chacune) de tomates en dés
2 boîtes (environ 400 ml - 14 onces chacune) de haricots au chili, non dilués
2 tasses d'oignons tranchés
1 ½ tasse de maïs, égoutté
1 tasse de poivron vert haché
1 tasse de sauce tomate
3 cuillères à table de poudre de chili
1 cuillère à thé de poudre d'ail
½ cuillère à thé de cumin moulu
½ cuillère à thé d'origan séché

1. Faites dorer le bœuf, séparé en quelques portions, dans une poêle de 30 cm (12 po) à feu moyen-vif, en brassant pour défaire la viande. Égouttez. Mettez le bœuf dans une mijoteuse de 5 pintes.

2. Ajouter les autres ingrédients dans la mijoteuse. Couvrez et cuisez 4 à 5 heures à faible intensité ou jusqu'à ce que les oignons soient tendres.

Donne 6 portions

Chili copieux aux légumes

1 oignon moyen, haché
2 branches de céleri, en dés
1 carotte, en dés
3 gousses d'ail, émincées
4 tasses de haricots Great Northern, en boîte, rincés et égouttés
1 tasse d'eau
1 tasse de maïs surgelé, décongelé
1 boîte (156 ml - 5,5 onces) de pâte de tomate
1 boîte (125 ml - 4 onces) de chilis verts doux, non égouttés
1 cuillère à table de poudre de chili
2 cuillères à thé d'origan séché
1 cuillère à thé de sel

Combinez tous les ingrédients dans la mijoteuse. Couvrez et cuisez 5 ½ à 6 heures à faible intensité ou jusqu'à ce que les légumes soient tendres.

Donne 6 portions

Chili mijoté élémentaire

900 g (2 livres) de bœuf haché maigre
2 cuillères à table de poudre de chili
1 cuillère à table de cumin moulu
**1 boîte (800 ml - 28 onces) de tomates broyées en purée,
non égouttées**
1¾ tasse de haricots rouges, en boîte, rincés et égouttés
1 tasse d'eau
2 tasses d'oignons frits*, divisées
¼ tasse de sauce piquante au piment de Cayenne
Crème sure et fromage cheddar râpé

*Pour accentuer le goût de cheddar, substituez les oignons frits au cheddar à ce que propose la recette.

1. Cuisez, en brassant fréquemment, le bœuf haché, la poudre de chili et le cumin dans une grande poêle antiadhésive à feu moyen jusqu'à ce que la viande soit dorée ; égouttez. Transférez dans la mijoteuse.

2. En brassant, ajoutez les tomates avec leur jus, les haricots, l'eau, ½ tasse d'oignons frits et la sauce de Frank's RedHot.

3. Couvrez et cuisez 6 heures à faible intensité (ou 3 heures à intensité élevée). Servez le chili garni de crème sure, de fromage et du reste d'oignons frits.

Donne 8 portions

Temps de préparation : 10 minutes
Temps de cuisson : 6 heures

Chili au trio de haricots et à la dinde ▶

450 g (1 livre) de dinde hachée
1 petit oignon, haché
1 boîte (800 ml - 28 onces) de tomates en dés, non égouttées
1¾ tasse de pois chiches, en boîte, rincés et égouttés
1¾ tasse de haricots rouges, en boîte, rincés et égouttés
1¾ tasse de haricots noirs, en boîte, rincés et égouttés
1 tasse de sauce tomate
1 boîte (environ 115 g - 4 onces) de chilis verts doux en dés
1 à 2 cuillères à table de poudre de chili

1. Cuisez la dinde et l'oignon dans une poêle moyenne à feu moyen-vif, en brassant pour défaire la viande, jusqu'à ce que la dinde ne soit plus rosée. Égouttez. Mettez le mélange de dinde dans la mijoteuse.

2. Ajoutez les autres ingrédients et mélangez à fond. Couvrez et cuisez 6 à 8 heures à intensité élevée.

Donne 6 à 8 portions

Chili aux haricots blancs

Enduit à cuisson antiadhésif en aérosol
450 g (1 livre) de poulet haché
3 tasses de céleri grossièrement haché
1 boîte (environ 400 ml - 14 onces) de tomates entières,
non égouttées et grossièrement hachées
1¾ tasse de haricots Great Northern, en boîte, rincés et égouttés
1½ tasse d'oignons grossièrement hachés
1 tasse de bouillon de poulet
3 gousses d'ail, émincées
4 cuillères à thé de poudre de chili
1½ cuillère à thé de cumin moulu
¾ cuillère à thé de quatre-épices moulu
¾ cuillère à thé de cannelle moulue
½ cuillère à thé de poivre noir

1. Vaporisez d'enduit à cuisson antiadhésif une grande poêle antiadhésive. Faites dorer le poulet à feu moyen-vif, en brassant pour défaire la viande.

2. Combinez tous les ingrédients dans la mijoteuse. Couvrez et cuisez 5½ à 6 heures à faible intensité ou jusqu'à ce que le céleri soit tendre.

Donne 6 portions

Chili au chocolat

450 g (1 livre) de bœuf haché maigre
1 oignon moyen, haché
3 gousses d'ail, émincées et divisées
1 boîte (800 ml - 28 onces) de tomates en dés, non égouttées
1¾ tasse de haricots à chili dans une sauce douce ou piquante, non égouttés
2 cuillères à table de poudre de chili
1 cuillère à table de chocolat mi-sucré pour la cuisson, râpé
1½ cuillère à thé de cumin moulu
½ cuillère à thé de sel
½ cuillère à thé de poivre noir
½ cuillère à thé de sauce piquante aux piments

1. Cuisez le bœuf, l'oignon et 1 gousse d'ail dans une grande poêle antiadhésive à feu moyen-vif, en brassant pour défaire la viande. Égouttez.

2. Mettez le mélange de bœuf dans la mijoteuse. Ajoutez les tomates avec leur jus, les haricots avec leur sauce, la poudre de chili, les deux autres gousses d'ail et le chocolat; mélangez à fond.

3. Couvrez et cuisez 5 à 6 heures à faible intensité. Ajoutez le cumin, le sel, le poivre et la sauce piquante durant la dernière heure de cuisson.

Donne 4 portions

Astuce : le chocolat ajouté dans ce chili se marie bien avec les oignons, l'ail et la poudre de chili pour contribuer à la richesse du plat, sans le sucrer.

[Un peu d'histoire : les peuples d'Amérique centrale apprêtaient le chocolat
(cacauatl en langue aztèque) à des fins culinaires qui ne se limitaient
pas aux desserts et aux breuvages.]

Chili cajun ▶

680 g (1½ livre) de bœuf haché
1 boîte (800 ml - 28 onces) de macédoine de légumes de style cajun, non égouttée
2 boîtes (284 ml - 10 onces chacune) de soupe aux tomates condensée, non diluée
1 boîte (400 ml - 14 onces) de tomates en dés, non égouttées
3 saucisses au fromage cheddar bien cuites (environ 225 g - 8 onces), coupées en quatre et tranchées en bouchées

1. Faites dorer le bœuf haché dans une grande poêle antiadhésive à feu moyen-vif, en brassant pour défaire la viande. Égouttez. Mettez tous les ingrédients dans la mijoteuse.

2. Couvrez et cuisez 2 à 3 heures à intensité élevée. Servez avec une garniture de fromage cheddar râpé, si désiré.

Donne 10 portions

Chili à la dinde

570 g (¼ livre) de poitrines de dinde extra-maigre
2 cuillères à table de poudre de chili
1 tasse d'oignons en dés
1¼ tasse de carottes râpées
2 poivrons verts, en dés
2 zucchinis, en dés
2 courges jaunes, en dés
6 tasses d'eau
2 cuillères à table de bouillon de bœuf granulé
1 boîte (800 ml - 28 onces) de tomates en dés
1¾ tasse de haricots noirs, en boîte, rincés et égouttés
1¾ tasse de haricots rouges, en boîte, rincés et égouttés
3 tasses de salsa

Vaporisez d'enduit à cuisson végétal une grande casserole antiadhésive et faites dorer la dinde hachée en brassant pour défaire la viande. Ajoutez les légumes et cuisez environ 5 minutes ou jusqu'à ce que les oignons soient tendres. Mettez la dinde et les légumes dans une grande mijoteuse. Ajoutez tous les autres ingrédients. Couvrez et cuisez 4 heures à faible intensité.

Donne 20 portions

Temps de préparation: 30 minutes
Temps de cuisson: 4 heures

Chili végétarien

1 cuillère à table d'huile végétale
1 tasse d'oignon finement haché
1 tasse de poivron rouge haché
2 cuillères à table de piments jalapeño émincés*
1 gousse d'ail, émincée
1 boîte (environ 800 ml - 28 onces) de tomates broyées
1¾ tasse de haricots noirs, en boîte, rincés et égouttés
1¾ tasse de haricots garbanzo (pois chiches), en boîte, rincés et égouttés
½ tasse de maïs
¼ tasse de pâte de tomate
1 cuillère à thé de sucre
1 cuillère à thé de cumin moulu
1 cuillère à thé de basilic séché
1 cuillère à thé de poudre de chili
¼ cuillère à thé de poivre noir
Crème sure et fromage cheddar râpé (facultatif)

Les piments jalapeño peuvent piquer et irriter la peau ; portez des gants de caoutchouc quand vous manipulez les piments et ne touchez pas vos yeux. Lavez-vous les mains après les avoir manipulés.

1. Faites chauffer l'huile dans une grande poêle antiadhésive à feu moyen-vif jusqu'elle soit chaude. Ajoutez-y l'oignon, le piment jalapeño et l'ail ; en brassant, cuisez 5 minutes ou jusqu'à ce que les légumes soient tendres.

2. Transférez les légumes dans la mijoteuse. Ajoutez les autres ingrédients, sauf la crème sure et le fromage ; mélangez à fond. Couvrez et cuisez 4 à 5 heures à faible intensité. Servez avec une garniture de crème sure et de fromage, si désiré.

Donne 4 portions

[Un peu d'histoire : quatrième exportateur mondial de haricots secs, le Canada produit notamment les petits haricots ronds blancs, les Pinto, les noirs, les rouge foncé, les rouge clair, les haricots canneberges (dits aussi romains), les petits rouges, les Great Northern, les roses, les bruns et les blancs.]

Plats d'accompagnement simples

Pommes de terre paysannes

¼ tasse (½ bâtonnet) de beurre
1 gros oignon, haché
2 grosses gousses d'ail, hachées
225 g (½ livre) de saucisse de bœuf fumé, coupée en tranches
de 2 cm (¾ po)
1 cuillère à thé d'origan séché
6 pommes de terre moyennes Yukon Gold, coupées en morceaux
de 4 à 5 cm (1½ à 2 po)
Sel et poivre noir
2 tasses de chou de Savoie ou d'un autre chou, tranché
1 tasse de poivron rouge grillé, en dés ou en tranches
½ tasse de fromage parmesan râpé

1. Faites fondre le beurre dans une grande poêle à feu moyen. Ajoutez l'oignon et l'ail ; en brassant, cuisez 5 minutes ou jusqu'à ce que l'oignon soit translucide. En brassant, ajoutez la saucisse et l'origan. Cuisez 5 minutes. En brassant, ajoutez les pommes de terre, le sel et le poivre ; mélangez bien. Transférez le mélange dans la mijoteuse.

2. Couvrez et cuisez 6 à 8 heures à faible intensité ou 3 à 4 heures à intensité élevée. Ajoutez le chou et le poivron durant les dernières 30 minutes de cuisson.

3. Garnissez de fromage parmesan avant de servir.

Donne 6 portions

[Un peu d'histoire : le chou de Savoie doit son nom à la région des Alpes françaises qui fait frontière avec l'Italie... où ce même légume est appelé chou de Milan, car la campagne lombarde serait son vrai lieu d'origine.]

Courge d'hiver aux pommes ▶

1 cuillère à thé de sel
½ cuillère à thé de poivre noir
1 courge musquée (environ 900 g - 2 livres), pelée et épépinée
2 pommes le cœur enlevé, tranchées
1 oignon moyen, découpé en quartiers, puis tranché
1½ cuillère à table de beurre

1. Combinez le sel et le poivre dans un petit bol ; laissez en attente.

2. Coupez la courge en morceaux de 5 cm (2 po) ; mettez-les dans la mijoteuse. Ajoutez les pommes et l'oignon. Saupoudrez du mélange sel et poivre ; mélangez à fond. Couvrez et cuisez 6 à 7 heures à faible intensité ou jusqu'à ce que les légumes soient tendres.

3. Tout juste avant de servir, ajoutez le beurre en brassant et ajustez l'assaisonnement en ajoutant du sel et du poivre, au besoin.

Donne 4 à 6 portions

Variantes : à l'étape 3, ajoutez au beurre ¼ à ½ tasse de cassonade tassée et ½ cuillère à thé de cannelle ; mélangez à fond. Cuisez pendant 15 minutes supplémentaires.

Temps de préparation : 15 minutes
Temps de cuisson : 6 à 7 heures

Pointes d'asperges au fromage

1,3 kg (1½ livre) d'asperges fraîches, apprêtées
2 tasses de craquelins salés broyés
1 boîte (284 ml - 10 onces) de crème d'asperges condensée, non diluée
1 boîte (284 ml - 10 onces) de crème de poulet condensée, non diluée
⅔ tasse d'amandes tranchées
½ tasse de fromage cheddar, coupé en cubes
1 œuf

Combinez tous les ingrédients dans un grand bol ; mélangez à fond. Versez dans la mijoteuse. Couvrez et cuisez 3 à 3½ heures à intensité élevée ou jusqu'à ce que les asperges soient tendres. Garnissez au goût.

Donne 4 à 6 portions

Pain aux épinards à la cuillère

▶

**1¼ tasse d'épinards hachés surgelés, décongelés
et asséchés
1 poivron rouge, en dés
4 œufs, légèrement battus
1 tasse de fromage cottage
1 paquet (425 g - 15 onces) de mélange à pain de maïs
6 oignons verts, tranchés
½ tasse de beurre, fondu
1¼ cuillère à thé de sel**

1. Graissez légèrement l'intérieur de la mijoteuse ; préchauffez à intensité élevée.

2. Combinez tous les ingrédients dans un grand bol ; mélangez à fond. Versez la pâte dans la mijoteuse. En laissant le couvercle légèrement entrouvert afin que le surplus de vapeur s'échappe, cuisez 1¾ à 2 heures à intensité élevée ou 3 à 4 heures à faible intensité, ou jusqu'à ce que les bords du pain soient dorés et qu'un couteau inséré au milieu en ressorte propre.

3. À la cuillère, servez le pain directement depuis la mijoteuse. Ou bien, détachez au couteau les bords et le fond du pain et renversez celui-ci dans une assiette. Coupez en pointes pour servir.

Donne 8 portions

Riz au fromage à la mexicaine

**1¾ tasse de haricots de style mexicain
1 boîte (400 ml - 14 onces) de tomates en dés aux piments jalapeño,
non égouttées
2 tasses de fromage Monterey Jack ou Colby râpé, divisées
1½ tasse de riz Converted à long grain non cuit
1 gros oignon, finement haché
½ paquet (120 g - 4 onces) de fromage à la crème
3 gousses d'ail, émincées**

1. Graissez l'intérieur de la mijoteuse. Combinez les haricots, les tomates avec leur jus, 1 tasse de fromage, le riz, l'oignon, le fromage à la crème et l'ail dans la mijoteuse ; mélangez à fond.

2. Couvrez et cuisez 6 à 8 heures à faible intensité.

3. Saupoudrez la tasse restante de fromage tout juste avant de servir.

Donne 6 à 8 portions

Purée rustique de pommes de terre au fromage ▶

900 g (2 livres) de pommes de terre Russet, pelées et coupées en dés
1 tasse d'eau
⅓ tasse de beurre, coupez en petits morceaux
½ à ¾ tasse de lait
1¼ cuillère à thé de sel
½ cuillère à thé de poivre noir
½ tasse d'oignons verts finement hachés
½ à ¾ tasse de fromage cheddar râpé

1. Combinez les pommes de terre et l'eau dans la mijoteuse ; éparpillez le beurre sur le mélange. Couvrez et cuisez 6 heures à faible intensité ou 3 heures à intensité élevée, ou jusqu'à ce que les pommes de terre soient tendres.

2. Fouettez les pommes de terre au mixeur réglé à force moyenne jusqu'à l'obtention d'un mélange homogène. Ajoutez le lait, le sel et le poivre ; fouettez jusqu'à l'obtention d'un mélange homogène.

3. En brassant, ajoutez l'oignon et le fromage. Couvrez ; laissez en attente 15 minutes pour permettre aux saveurs de se marier et au fromage de fondre.

Donne 8 portions

Farce facile de fête

1 tasse de beurre, fondu
2 tasses de céleri haché
1 tasse d'oignon haché
1 cuillère à thé d'assaisonnement à volaille
1 cuillère à thé de feuilles de sauge, émiettées
½ cuillère à thé de poivre noir moulu
3 cuillères à table de bouillon à saveur de poulet
2 œufs, battus
2 tasses d'eau
12 tasses de chapelure sèche

Dans un grand bol, combinez le beurre, le céleri, l'oignon, l'assaisonnement à volaille, le bouillon, les œufs et l'eau. Ajoutez la chapelure et mélangez à fond. Mettez le mélange dans la mijoteuse. Cuisez 45 minutes à intensité élevée ; réduisez à faible intensité et cuisez 6 heures (ou 3 heures à intensité élevée).

Donne 12 portions

Temps de préparation: 10 minutes
Temps de cuisson: 3¾ à 6¾ heures

Chou rouge et pommes ▶

1 petit chou rouge le cœur enlevé, coupé en fines tranches
3 pommes moyennes, pelées et râpées
¾ tasse de sucre
½ tasse de vinaigre de vin rouge
1 cuillère à thé de clou de girofle moulu
1 tasse de bacon cuit, croustillant et émietté (facultatif)

Combinez le chou, les pommes, le sucre, le vinaigre de vin rouge et le clou de girofle dans la mijoteuse. Couvrez et cuisez 6 heures à intensité élevée, en brassant à mi-cuisson. Garnissez de bacon, si désiré. Garnissez au goût.

Donne 4 à 6 portions

Méli-mélo de haricots

1¾ tasse de haricots noirs, en boîte, rincés et égouttés
1¾ tasse de haricots rouges, en boîte, rincés et égouttés
1¾ tasse de haricots Great Northern, en boîte, rincés et égouttés
1¾ tasse de haricots à œil noir, en boîte, rincés et égouttés
1 tasse de petits haricots de Lima, en boîte, rincés et égouttés
1½ tasse de ketchup
1 tasse d'oignon haché
1 tasse de poivron rouge haché
1 tasse de poivron vert haché
½ tasse de cassonade tassée
½ tasse d'eau
2 à 3 cuillères à thé de vinaigre de cidre
1 cuillère à thé de moutarde sèche
2 feuilles de laurier
⅛ cuillère à thé de poivre noir

1. Combinez tous les ingrédients dans une mijoteuse de 4 à 4½ litres (3½ à 4 pintes). Mélangez jusqu'à l'obtention d'un mélange homogène.

2. Couvrez et cuisez 6 à 7 heures à faible intensité ou jusqu'à ce que l'oignon et les poivrons soient tendres.

3. Retirez et jetez les feuilles de laurier.

Donne 8 portions

[Un peu d'histoire : les haricots à œil noir ne sont pas d'authentiques haricots !...
mais des doliques à œil noir, graines ovales plus ou moins allongées
provenant d'une plante apparentée.]

Émincé de pommes de terre et de panais

6 cuillères à table de beurre non salé
3 cuillères à table de farine tout-usage
1¾ tasse de crème épaisse
2 cuillères à thé de moutarde sèche
1½ cuillère à thé de sel
1 cuillère à thé de thym séché
½ cuillère à thé de poivre noir
2 pommes de terre à cuire au four, coupées en moitiés dans le sens de la longueur, puis en tranches de 6 mm (¼ po) dans le sens contraire
2 panais, coupés en tranches de 6 mm (¼ po)
1 oignon, haché
2 tasses de fromage cheddar vieilli, râpé

1. Pour préparer la sauce crémeuse, faites fondre le beurre dans une casserole moyenne à feu moyen-vif. Ajoutez la farine en brassant ; cuisez en brassant 3 à 5 minutes. Fouettez lentement la crème, la moutarde, le sel, le thym et le poivre jusqu'à l'obtention d'un mélange lisse.

2. Disposez les pommes de terre, les panais et l'oignon dans la mijoteuse. Ajoutez la sauce crémeuse.

3. Couvrez et cuisez 7 heures à faible intensité ou 3½ heures à intensité élevée, ou jusqu'à ce que les pommes de terre soient tendres. Ajoutez le fromage en brassant. Couvrez et laissez reposer jusqu'à ce que le fromage soit fondu.

Donne 4 à 6 portions

Astuce : les pommes de terre à cuire au four, parfois appelées Russet ou Idaho, ont un contenu élevé d'amidon, qui permet aux tranches de pommes de terre d'un émincé de garder leur forme.

Riz espagnol de style paella

3½ tasses de bouillon de poulet
1½ tasse de riz Converted à long grain non cuit
1 petit poivron rouge, en dés
⅓ tasse de vin blanc sec ou d'eau
½ cuillère à thé de safran broyé ou ½ cuillère à thé de curcuma
⅛ cuillère à thé de piment rouge en flocons
½ tasse de pois verts surgelés, décongelés
Sel

1. Combinez le bouillon, le riz, le poivron, le vin, le safran et les flocons de piment dans une mijoteuse de 2,8 litres (2½ pintes) ; mélangez à fond.

2. Couvrez et cuisez 4 heures à faible intensité ou jusqu'à ce que le liquide ait été absorbé.

3. Ajoutez les pois en brassant. Couvrez et cuisez 15 à 30 minutes ou jusqu'à ce que les pois soient chauds. Salez.

Donne 6 portions

Note : le safran est une épice très chère, qui teinte les mets en jaune et leur confère une saveur distinctive. Moins cher, le curcuma donne une couleur équivalente, mais non la saveur du safran. Quand vous achetez du safran, procurez-vous la variété en filaments plutôt que le safran moulu, parce que les filaments conservent leur saveur plus longtemps.

Variantes : ajoutez ½ tasse de poulet, de jambon ou de crevettes cuits, ou des quartiers d'artichauts marinés, égouttés, avec les pois.

Temps de préparation : 10 minutes
Temps de cuisson : 4½ heures

[Un peu d'histoire : La paella est un plat traditionnel espagnol, originaire de Valence.
Ce plat de riz tire son nom de la grande poêle (« paella » en langue catalane)
dans lequel on le cuit.]

Courge poivrée à l'orange et aux canneberges

3 petites courges poivrées ou courges carnaval
5 cuillères à table de riz brun instantané
3 cuillères à table d'oignon émincé
3 cuillères à table de céleri en dés
3 cuillères à table de canneberges séchées
1 pincée de sauge moulue ou de feuilles de sauge séchées
1 cuillère à thé de beurre, en copeaux
3 cuillères à table de jus d'orange
½ tasse d'eau

1. Coupez la tête des courges et juste une partie du fond pour qu'elles se tiennent bien droites. Ôtez les graines à la cuillère et jetez-les ; mettez les courges en attente.

2. Combinez le riz, l'oignon, le céleri, les canneberges et la sauge dans un petit bol. Emplissez chaque courge du mélange de riz ; parsemez de copeaux de beurre. Versez 1 cuillère à table de jus d'orange sur la farce de chaque courge. Placez les courges debout dans la mijoteuse. Versez l'eau dans le fond de la mijoteuse.

3. Couvrez et cuisez 2½ heures à faible intensité ou jusqu'à ce que les courges soient tendres.

Donne 6 portions

Conseil : l'écorce d'une courge peut défier même le couteau le plus affûté. Pour faciliter la découpe, mettez la courge au micro-ondes 5 minutes à intensité élevée pour en attendrir l'écorce.

Patates douces parfumées aux épices ▶

900 g (2 livres) de patates douces, pelées et coupées en morceaux de 1,3 cm (½ po)
¼ tasse de cassonade foncée tassée
1 cuillère à thé de cannelle moulue
½ cuillère à thé de muscade moulue
⅛ cuillère à thé de sel
2 cuillères à table de beurre, coupé en morceaux de 4 mm (⅛ po)
1 cuillère à thé de vanille

Combinez tous les ingrédients, sauf le beurre et la vanille, dans la mijoteuse ; mélangez bien. Couvrez et cuisez 7 heures à faible intensité ou 4 heures à intensité élevée. Ajoutez le beurre et la vanille ; brassez pour rendre le mélange homogène.

Donne 4 portions

Haricots épicés Tex-Mex

⅓ tasse de lentilles
1⅓ tasse d'eau
5 tranches de bacon
1 oignon, haché
1¾ tasse de haricots Pinto, en boîte, rincés et égouttés
1¾ tasse de haricots rouges, en boîte, rincés et égouttés
1 boîte (environ 400 ml - 14 onces) de tomates en dés, non égouttées
3 cuillères à table de ketchup
3 gousses d'ail, émincées
1 cuillère à thé de poudre de chili
½ cuillère à thé de cumin moulu
¼ cuillère à thé de piment rouge en flocons
1 feuille de laurier

1. Dans une grande casserole, faites bouillir les lentilles dans l'eau 20 à 30 minutes ; égouttez. Cuisez le bacon dans une poêle moyenne jusqu'à ce qu'il soit croustillant. Mettez à refroidir sur des feuilles d'essuie-tout, puis émiettez. Dans la même poêle, cuisez l'oignon dans le gras de bacon jusqu'à ce qu'il soit tendre.

2. Combinez tous les ingrédients dans la mijoteuse.

3. Couvrez et cuisez 5 à 6 heures à faible intensité ou 3 à 4 heures à intensité élevée. Retirez la feuille de laurier avant de servir.

Donne 8 à 10 portions

Temps de préparation : 35 minutes
Temps de cuisson : 5 à 6 heures

Haricots verts en cocotte ▶

2½ tasses de haricots verts surgelés, décongelés
**1 boîte (284 ml - 10 onces) de crème de champignon condensée,
non diluée**
1 cuillère à table de persil frais haché
1 cuillère à table de poivron rouge rôti haché
1 cuillère à thé de feuilles de sauge séchées
½ cuillère à thé de sel
½ cuillère à thé de poivre noir
¼ cuillère à thé de muscade moulue
½ tasse d'amandes tranchées grillées

Combinez tous les ingrédients, sauf les amandes, dans une mijoteuse de 2,8 litres
(2½ pintes). Couvrez et cuisez 3 à 4 heures à faible intensité. Garnissez d'amandes.

Donne 4 à 6 portions

Patates douces aux pacanes en cocotte

5 boîte tasses de patates douces, égouttées et réduites en purée
½ tasse de jus de pomme
⅓ tasse + 2 cuillères à table de beurre fondu, divisé
½ cuillère à thé de sel
½ cuillère à thé de cannelle moulue
¼ cuillère à thé de poivre noir
2 œufs, battus
⅓ tasse de pacanes hachées
⅓ tasse de cassonade
2 cuillères à table de farine tout-usage

1. Graissez légèrement la mijoteuse. Combinez les patates douces, le jus de pomme,
⅓ tasse de beurre, le sel, la cannelle et le poivre dans un grand bol. Battez les œufs
dans le mélange. Transférez le mélange dans la mijoteuse graissée.

2. Combinez les pacanes, la cassonade, la farine et les 2 cuillères à table de beurre
dans un petit bol. Nappez-en les patates douces.

3. Couvrez et cuisez 3 à 4 heures à intensité élevée.

Donne 4 à 6 portions

Conseil : ce mets constitue un excellent plat d'accompagnement de fête. L'utilisation de la
mijoteuse libère le four pour d'autres plats.

Pommes de terre rouges méditerranéennes

3 pommes de terre rouges moyennes, coupées en moitiés dans le sens de la longueur, puis tranchées en morceaux dans le sens contraire
⅔ tasse d'oignons perlés frais ou surgelés
Enduit à cuisson à l'ail en aérosol
¾ cuillère à thé d'assaisonnement italien séché
¼ cuillère à thé de poivre noir
1 petite tomate, épépinée et hachée
½ tasse de fromage feta, émietté
2 cuillères à table d'olives noires hachées

1. Mettez les pommes de terre et les oignons dans un moule à soufflé de 1,7 litre (1 ½ pinte). Vaporisez les pommes de terre et les oignons d'enduit à cuisson ; mélangez pour que les légumes soient bien enduits. Ajoutez l'assaisonnement italien et le poivre ; mélangez bien. Couvrez le plat hermétiquement avec une feuille d'aluminium.

2. Découpez 3 (45 x 7,5 cm - 18 x 3 po) bandes de papier d'aluminium résistant. Croisez les bandes de manière à ce qu'elles ressemblent aux rayons d'une roue. (Voyez à la page 14) Placez le moule à soufflé au centre des bandes. Repliez les bandes vers le haut et au-dessus du moule ; en vous servant des poignées d'aluminium, soulevez et insérez le moule dans la mijoteuse.

3. Versez de l'eau chaude dans la mijoteuse jusqu'à environ 4 cm (1 ½ po) du bord du moule à soufflé. Couvrez et cuisez 7 à 8 heures à faible intensité.

4. À l'aide des poignées d'aluminium, retirez le moule à soufflé de la mijoteuse. En brassant, ajoutez la tomate, le fromage feta et les olives dans le mélange de pommes de terre.

Donne 4 portions

Riz pimenté de style risotto

1 tasse de riz Converted à long grain non cuit
1 poivron vert moyen, haché
1 poivron rouge moyen, haché
1 tasse d'oignon haché
½ cuillère à thé de curcuma moulu
⅛ cuillère à thé de poivre rouge moulu (facultatif)
1¾ tasse de bouillon de poulet
½ tasse de fromage Monterey Jack aux piments jalapeño, en dés
½ tasse de lait
¼ tasse (½ bâtonnet) de beurre, en cubes
1 cuillère à thé de sel

1. Mettez le riz, les poivrons, l'oignon, le curcuma et le poivre rouge moulu, si désiré, dans la mijoteuse. Ajoutez le bouillon en brassant.

2. Couvrez et cuisez 4 à 5 heures à faible intensité ou jusqu'à ce que le riz soit tendre et le liquide, absorbé.

3. En brassant, ajoutez le fromage, le lait, le beurre et le sel ; aérez le riz à la fourchette. Couvrez et cuisez 5 minutes à faible intensité ou jusqu'à ce que le fromage fonde.

Donne 4 à 6 portions

Astuce : le riz Converted à long grain est plus adapté à la cuisson à la mijoteuse. Il tend à garder sa forme et il est moins susceptible de devenir pâteux et collant à la suite d'une longue cuisson.

[Un peu d'histoire : le Risotto est un plat traditionnel de l'Italie du Nord, où on le sert d'ordinaire à titre de primo piatto, c'est-à-dire d'entrée.]

Patates douces épicées à l'orange ▶

900 g (2 livres) de patates douces, pelées et coupées en dés
½ tasse de cassonade foncée, tassée
½ tasse de beurre (1 bâtonnet), coupé en petits morceaux
1 cuillère à thé de cannelle moulue
½ cuillère à thé de muscade moulue
½ cuillère à thé de zeste d'orange frais
Jus de 1 orange moyenne
¼ cuillère à thé de sel
1 cuillère à thé de vanille
Pacanes grillées hachées (facultatif)

Mettez tous les ingrédients, sauf les pacanes, dans la mijoteuse. Couvrez et cuisez 4 heures à faible intensité ou 2 heures à intensité élevée, ou jusqu'à ce que les patates soient tendres. Parsemez de pacanes avant de servir, si désiré.

Donne 8 (½ tasse) portions

Variante : réduisez les patates en purée à l'aide d'un pilon ou d'un mixeur ; ajoutez ¼ de tasse de lait ou de crème à fouetter pour une consistance plus humide. Saupoudrez d'un mélange de cannelle moulue et de sucre.

Risi Bisi

1½ tasse de riz blanc Converted à long grain
¾ tasse d'oignon haché
2 gousses d'ail, émincées
3½ tasses de bouillon de poulet
⅓ tasse d'eau
¾ de cuillère à thé d'assaisonnement italien
½ de cuillère à thé de basilic séché
½ tasse de pois verts surgelés
¼ tasse de fromage parmesan râpé
¼ tasse de pignons grillés (facultatif)

1. Combinez le riz, l'oignon et l'ail dans la mijoteuse. Portez à ébullition le bouillon et l'eau dans une petite casserole. En brassant, ajoutez au riz le mélange bouillonnant, l'assaisonnement italien et le basilic. Couvrez et cuisez 2 à 3 heures à faible intensité ou jusqu'à ce que le liquide ait été absorbé.

2. Ajoutez les pois. Couvrez et cuisez 1 heure. Ajoutez le fromage en brassant. À la cuillère, transférez le riz dans un bol de service. Parsemez de pignons grillés, si désiré.

Donne 6 portions

[Un peu d'histoire : le Risi Bisi (« Riz et pois ») est un plat traditionnel vénitien qui accompagne notamment les repas du 29 avril, qui célèbrent la fête de saint Marc, patron de Venise.]

Pommes de terre du jardin en cocotte ▶

565 g (1¼ livre) de pommes de terre à cuire au four, non pelées et tranchées
1 petit poivron vert ou rouge, tranché mince
¼ tasse d'oignon jaune finement haché
2 cuillères à table de beurre coupé en petits morceaux, divisées
½ cuillère à thé de sel
½ cuillère à thé de thym séché
Poivre noir au goût
1 petite courge jaune, tranchée mince
1 tasse de fromage cheddar vieilli râpé

1. Mettez les pommes de terre, le poivron, l'oignon, 1 cuillère à table de beurre, le sel, le thym et le poivre dans la mijoteuse ; mélangez à fond. Étalez la courge en une couche uniforme sur le mélange de pommes de terre ; ajoutez 1 cuillère à table de beurre.

2. Couvrez et cuisez 7 heures à faible intensité ou 4 heures à intensité élevée.

3. Transférez le mélange de pommes de terre dans un bol de service. Garnissez de fromage ; laissez en attente 2 à 3 minutes ou jusqu'à ce que le fromage fonde.

Donne 5 portions

Gratin de pommes de terre rustiques

½ tasse de lait
1 boîte (284 ml - 10 onces) de soupe au fromage cheddar condensée, non diluée
1 tasse de fromage à la crème, manié
1 gousse d'ail, émincée
¼ cuillère à thé de muscade moulue
⅛ cuillère à thé de poivre noir
900 g (2 livres) de pommes de terre à cuire au four, coupées en tranches de 6 mm (¼ po)
1 petit oignon, tranché mince
Paprika (facultatif)

1. Chauffez le lait dans une petite casserole à feu moyen jusqu'à ce que de petites bulles se forment le long de la paroi de la casserole. Retirez du feu. Ajoutez la soupe, le fromage à la crème, l'ail, la muscade et le poivre. Mélangez jusqu'à l'obtention d'un mélange lisse.

2. Étalez ¼ des pommes de terre et ¼ de l'oignon au fond de la mijoteuse. Recouvrez avec ¼ du mélange de soupe. Répétez 3 fois, en utilisant le reste des pommes de terre, d'oignon et du mélange de soupe.

3. Couvrez et cuisez 6½ à 7 heures à faible intensité ou jusqu'à ce que les pommes de terre soient tendres et que presque tout le liquide ait été absorbé. Garnissez de paprika, si désiré.

Donne 6 portions

Délicieux desserts

Génoise chaude aux petits fruits des champs

2 tasses de petits fruits en mélange surgelés
¾ tasse de sucre granulé
2 cuillères à table de tapioca à cuisson rapide
2 cuillères à thé de zeste de citron frais
1½ tasse de farine tout-usage
½ tasse de cassonade tassée
2¼ cuillères à thé de levure chimique
¼ cuillère à thé de muscade moulue
¾ tasse de lait
⅓ tasse de beurre, fondu
Crème glacée (facultatif)

1. Mélangez les petits fruits, le sucre granulé, le tapioca et le zeste de citron dans la mijoteuse.

2. Combinez la farine, la cassonade, la levure chimique et la muscade dans un bol moyen. Ajoutez le lait et le beurre ; brassez jusqu'à l'obtention d'un mélange lisse. Laissez tomber des cuillerées de pâte sur le mélange de petits fruits.

3. Couvrez et cuisez 4 heures à faible intensité. Retirez le couvercle de la mijoteuse et laissez reposer environ 30 minutes. Servez avec de la crème glacée, si désiré.

Donne 8 portions

Temps de préparation : 10 minutes
Temps de cuisson : 4 heures
Temps d'attente : 30 minutes

Costarde à la citrouille et aux canneberges ▶

- **3¾ tasses de garniture de tarte à la citrouille**
- **1 boîte (340 ml - 12 onces) de lait condensé**
- **1 tasse de canneberges séchées**
- **4 œufs, battus**
- **1 tasse de biscuits au gingembre broyés ou entiers (facultatif)**
- **Crème fouettée (facultatif)**

Combinez la citrouille, le lait condensé, les canneberges et les œufs dans la mijoteuse ; mélangez à fond. Couvrez et cuisez 4 à 4½ heures à intensité élevée. Servez avec des biscuits au gingembre broyés ou entiers et de la crème fouettée, si désiré.

Donne de 4 à 6 portions

Pouding au riz à l'ananas

- **2½ tasses d'ananas broyé dans son jus, non égoutté**
- **1 boîte (400 ml - 14 onces) de lait de coco**
- **1 boîte (340 ml - 12 onces) de lait condensé sans gras**
- **¾ tasse de riz Arborio non cuit**
- **2 œufs, légèrement battus**
- **¼ tasse de sucre granulé**
- **¼ tasse de cassonade dorée tassée**
- **½ cuillère à thé de cannelle moulue**
- **¼ cuillère à thé de muscade moulue**
- **¼ cuillère à thé de sel**
- **Garniture fouettée**
- **Noix de coco grillée pour garnir* (facultatif)**

Pour griller la noix de coco, étalez-en une couche uniforme sur une plaque à pâtisserie non graissée. Grillez dans un four préchauffé à 180 °C (350 °F) pendant 5 à 7 minutes, en brassant occasionnellement, jusqu'à ce que la noix soit d'un léger brun doré.

1. Mettez l'ananas avec son jus, le lait de coco, le lait condensé, le riz, les œufs, le sucre granulé, la cassonade, la cannelle, la muscade et le sel dans la mijoteuse ; mélangez à fond. Couvrez et cuisez 3 à 4 heures à intensité élevée ou jusqu'à ce que le mélange ait épaissi et que le riz soit tendre.

2. Retirez le couvercle ; brassez pour obtenir un mélange homogène. Servez chaud ou froid avec une cuillerée de garniture fouettée. Parsemez de noix de coco grillée, si désiré.

Donne environ 8 (1 tasse) portions

Temps de préparation : 10 minutes
Temps de cuisson : 3 à 4 heures

Gâteau renversé aux pêches et aux pacanes

1 tasse de pêches tranchées
⅓ tasse de cassonade tassée
2 cuillères à table de beurre ou de margarine, fondus
¼ tasse de pacanes hachées
1 paquet (455 g - 16 onces) de mélange à gâteau + les ingrédients pour préparer le mélange
½ cuillère à thé d'extrait d'amande
Crème fouettée (facultatif)

1. Graissez généreusement un moule à gâteau rond ou une marmite de 19 cm (7½ po) ; laissez en attente.

2. Égouttez les pêches tranchées en conservant 1 cuillère à table de jus. Combinez le jus de pêche, la cassonade et le beurre dans le moule à gâteau déjà graissé. Disposez les tranches de pêche sur le mélange de cassonade. Parsemez de pacanes.

3. Préparez le mélange à gâteau selon les directions de l'emballage ; ajoutez-y l'extrait d'amande. Étalez sur le mélange de pêches. Couvrez le moule. Fabriquez des poignées d'aluminium (voir page 14) pour extraire plus facilement le moule de la mijoteuse. Insérez le moule dans la cocotte de la mijoteuse. Couvrez et cuisez 3 heures à intensité élevée.

4. À l'aide des poignées d'aluminium, retirez le moule de la mijoteuse. Laissez refroidir à découvert sur une grille pendant 10 minutes. Insérez une spatule étroite entre le gâteau et la paroi du moule ; faites-la glisser tout le tour de la paroi du moule pour en décoller le gâteau. Renversez le gâteau dans un plat de service. Servez chaud, accompagné de crème glacée.

Donne 10 portions

Note : des moules à gâteau et à pain sont offerts par un important fabricant de mijoteuses. Vous pouvez y substituer tout moule ou marmite assez profond qui s'insérera dans la cocotte de votre mijoteuse.

Temps de préparation : 10 minutes
Temps de cuisson : 3 heures

Gâteau fondant au chocolat

6 cuillères à table de poudre de cacao non sucré
¼ tasse de farine tout-usage
⅛ cuillère à thé de sel
4 œufs
1⅓ tasse de sucre
1 tasse (2 bâtonnets) de beurre non salé, fondu
1 cuillère à thé de vanille
Zeste frais de 1 orange
½ tasse de crème à fouetter
Pacanes grillées hachées, crème fouettée ou crème glacée
à la vanille

1. Vaporisez l'intérieur de la mijoteuse d'enduit à cuisson antiadhésif. Préchauffez la mijoteuse à faible intensité. Combinez le cacao, la farine et le sel dans un petit bol ; laissez en attente.

2. Battez les œufs au mixeur électrique à vitesse moyenne-forte jusqu'à épaississement. Ajoutez graduellement le sucre, en battant environ 5 minutes ou jusqu'à ce que le mélange soit très épais et de couleur pâle. Ajoutez le beurre, la vanille et le zeste, toujours en battant au mixeur. Ajoutez le mélange de cacao aux œufs et battez au mixeur. Ajoutez la crème ; mélangez jusqu'à l'obtention d'un mélange homogène. Versez le tout dans la mijoteuse.

3. Avant de couvrir la mijoteuse, recouvrez l'ouverture d'une feuille d'essuie-tout pour absorber la condensation, en vous assurant qu'elle n'est pas en contact avec le mélange. (Les mijoteuses de grandes dimensions peuvent nécessiter l'usage de 2 feuilles d'essuie-tout attachées l'une à l'autre.) Posez le couvercle sur la feuille d'essuie-tout. Cuisez 3 à 4 heures à faible intensité. (Ne cuisez pas à intensité élevée.) Garnissez de pacanes et couronnez de crème fouettée. Réfrigérez les restes.

Donne de 6 à 8 portions

Note : conservez les restes dans un contenant hermétique au réfrigérateur. Pour servir les restes du gâteau, réchauffez des portions individuelles au micro-ondes pendant environ 15 secondes. Ou bien, faites-en des truffes fondantes au chocolat : roulez les restes en boulettes et trempez-les dans du chocolat fondu. Laissez reposer jusqu'à ce que le chocolat ait durci.

Costarde banane et rhum garnie de gaufrettes à la vanille ▶

1½ tasse de lait
3 œufs
½ tasse de sucre
3 cuillères à table de rhum brun ou de lait
⅛ cuillère à thé de sel
1 banane moyenne, coupée en tranches de ¼ po
15 à 18 gaufrettes à la vanille

1. Fouettez le lait, les œufs, le rhum et le sel dans un bol moyen. Versez dans une marmite de 1 litre.

2. Placez le support dans une mijoteuse de 5 pintes (5,7 litres) et versez 1 tasse d'eau. Placez la marmite sur le support. Couvrez et cuisez 3½ à 4 heures à faible intensité.

3. Retirez la marmite de la mijoteuse. À la cuillère, servez la costarde dans des coupes ou de petits bols individuels. Disposez des tranches de banane et des gaufrettes sur lacostarde. Garnissez à votre goût.

Donne 5 portions

Poires croquantes

1 tasse d'ananas broyé dans son jus, non égoutté
¼ tasse de jus d'ananas ou de pomme
3 cuillères à table de canneberges séchées
1½ cuillère à thé de tapioca à cuisson rapide
¼ de cuillère à thé de vanille
2 poires, le cœur enlevé et coupées en moitiés
¼ tasse de granola aux amandes

1. Combinez tous les ingrédients, sauf les poires et le granola, dans la mijoteuse ; mélangez à fond. Placez les poires, la face coupée vers le fond, sur le mélange à l'ananas. Couvrez et cuisez 3½ à 4½ heures à faible intensité.

2. Disposez les moitiés de poire dans des assiettes de service. À la cuillère, versez le mélange à l'ananas sur les fruits. Garnissez de granola.

Donne 4 portions

Gâteau à la citrouille cuit à l'étuvée

1½ tasse de farine tout-usage
1½ cuillère à thé de levure chimique
1½ cuillère à thé de bicarbonate de soude
1 cuillère à thé de cannelle moulue
½ cuillère à thé de sel
¼ cuillère à thé de clou de girofle moulu
½ tasse (1 bâtonnet) de beurre non salé, fondu
2 tasses de cassonade dorée, tassée
3 œufs, battus
2 tasses de purée de citrouille
Crème fouettée sucrée

1. Graissez un moule à soufflé ou un moule à gâteau de 2½ litres (2¼ pintes) qui s'insère dans la cocotte de votre mijoteuse.

2. Combinez la farine, la levure chimique, le bicarbonate de soude, la cannelle, le sel et le clou de girofle dans un bol moyen ; laissez en attente.

3. Au mixeur électrique à vitesse moyenne, battez le beurre, la cassonade et les œufs dans un grand bol jusqu'à l'obtention d'un mélange crémeux. Ajoutez la purée de citrouille et bien mélanger. Transférez le mélange à la cuillère dans le moule à soufflé déjà graissé.

4. Versez 2,5 cm (1 po) d'eau chaude au fond de la mijoteuse. Fabriquez des poignées d'aluminium (voir page 14) pour vous aider à retirer le moule à soufflé de la mijoteuse. Insérez le moule à soufflé dans la cocotte. Couvrez et cuisez 3 à 3½ heures à intensité élevée ou jusqu'à ce qu'un cure-dent de bois piqué au centre en ressorte propre.

5. À l'aide des poignées d'aluminium, retirez le moule de la mijoteuse. Laissez refroidir sur une grille pendant 15 minutes. Renversez le gâteau dans un plat de service. Coupez en pointes et servez avec une bonne cuillerée de crème fouettée.

Donne 12 portions

Temps de préparation : 15 minutes
Temps de cuisson : 3 à 3½ heures

Dessert glacé au daïquiri à l'ananas ▶

1 ananas, écorcé, le cœur enlevé, et coupé en morceaux de 1,3 cm (½ po)
½ tasse de rhum brun
½ tasse de sucre
3 cuillères à table de jus de lime
Pelure de 2 limes, coupée en lanières
1 cuillère à table de fécule de maïs ou d'arrow-root

Mettez tous les ingrédients dans la mijoteuse; mélangez à fond. Couvrez et cuisez 3 à 4 heures à intensité élevée. Servez chaud sur de la crème glacée, un gâteau quatre-quarts ou un sablé. Garnissez de quelques framboises et de feuilles de menthe fraîches, si désiré.

Donne 4 à 6 portions

Variante : substituez 1 boîte (565 g - 20 onces) d'ananas broyé et égoutté à l'ananas frais. Cuisez 3 heures à intensité élevée.

Pommes et poires chaudes épicées

8 cuillères à table de beurre non salé
1 gousse de vanille
1 tasse de cassonade foncée tassée
½ tasse d'eau
½ citron, tranché et épépiné
1 bâtonnet de cannelle, brisé en deux
½ cuillère à thé de clou de girofle moulu
5 poires, coupées en quartiers et le cœur enlevé
5 petites pommes Granny Smith, coupées en quartiers et le cœur enlevé

1. Faites fondre le beurre dans une casserole à feu moyen. Coupez en deux la gousse de vanille et grattez pour en décoller les graines. Ajoutez les graines de vanille et la gousse dans la casserole, en plus de la cassonade, de l'eau, des tranches de citron, du bâtonnet de cannelle et du clou de girofle. Amenez à ébullition; cuisez en brassant 1 minute. Retirez du feu.

2. Placez les poires et les pommes dans la mijoteuse; versez le sirop de citron sur les fruits et mélangez bien. Couvrez et cuisez 3½ à 4 heures à faible intensité ou 2 heures à intensité élevée. Brassez à mi-cuisson.

Donne 6 portions

Suggestions de présentation : servez tel quel ou garni de crème fouettée, ou versé sur un gâteau éponge, un gâteau quatre-quarts ou de la crème glacée. Cette garniture chaude se mariera bien aussi avec du jambon cuit, un rôti de porc ou une dinde rôtie.

Génoise chaude aux pêches ▶

4 tasses de pêches surgelées, décongelées et égouttées
¾ tasse + 1 cuillère à table de sucre, divisées
2 cuillères à thé de cannelle moulue, divisées
½ cuillère à thé de muscade moulue
¾ tasse de farine tout usage
6 cuillères à table de beurre, coupé en petits morceaux
Crème fouettée (au goût)

1. Combinez les pêches, ¾ tasse de sucre, 1½ cuillère à thé de cannelle et la muscade dans un bol moyen. Mettez le mélange aux pêches dans la mijoteuse.

2. Pour garnir, combinez la farine, 1 cuillère à table restante de sucre et ½ cuillère à thé de cannelle dans un petit bol. Intégrez le beurre à l'aide d'un mélangeur à pâtisserie ou de deux couteaux jusqu'à ce que le mélange ressemble à des miettes grossières. Parsemez-en le mélange aux pêches. Couvrez et cuisez 2 heures à intensité élevée. Servez avec de la crème fouettée fraîche, si désiré.

Donne 4 à 6 portions

Pouding au riz aux cerises

1½ tasse de lait
1 tasse de riz cuit chaud
3 œufs, battus
½ tasse de sucre
¼ de tasse de cerises ou de canneberges séchées
½ cuillère à thé d'extrait d'amande
¼ cuillère à thé de sel

1. Combinez tous les ingrédients dans un grand bol. Versez le mélange dans une marmite graissée de 1,7 litre (1½ pinte). Couvrez d'une feuille d'aluminium.

2. Placez le support dans une mijoteuse de 5,7 litres (5 pintes) ; ajoutez une tasse d'eau. Placez la marmite sur le support. Couvrez et cuisez 4 à 5 heures à faible intensité. Retirez la marmite de la mijoteuse. Laissez refroidir 15 minutes sur une grille. Servez chaud.

Donne 6 portions

Pommes cuites aux fruits et aux noix

4 grosses pommes à cuire, comme la Rome Beauty ou la Jonathan
1 cuillère à table de jus de citron
⅓ tasse d'abricots séchés hachés
⅓ tasse de noix ou de pacanes hachées
3 cuillères à table de cassonade dorée tassée
½ cuillère à thé de cannelle moulue
2 cuillères à table de beurre ou de margarine, fondus

1. Évidez le centre de chaque pomme, laissant une cavité large de 4 cm (1 ½ po) et s'enfonçant jusqu'à 1,3 cm (½ po) de la base du fruit. Pelez une bande d'environ 2,5 cm (1 po) au sommet de chaque pomme. Badigeonnez uniformément de jus de citron la bande pelée. Mélangez les abricots, les noix, la cassonade et la cannelle dans un petit bol. Ajoutez du beurre et mélangez à fond. À la cuillère, remplissez les cavités des pommes d'une égale quantité du mélange.

2. Versez ½ tasse d'eau au fond de la mijoteuse. Placez 2 pommes au fond de la mijoteuse. Disposez les 2 autres pommes au-dessus, mais sans les poser directement sur le sommet des pommes inférieures.

3. Couvrez et cuisez 3 à 4 heures à faible intensité ou jusqu'à ce que les pommes soient tendres. Servez chaud ou à la température de la pièce avec une garniture de crème glacée au caramel, si désiré.

Donne 4 portions

Astuce : on badigeonne de jus de citron les pommes et les poires coupées ou pelées, car l'acidité du jus empêche la décoloration de la chair des fruits exposée à l'air.

Pouding au riz à la noix de coco

2 tasses d'eau
1 tasse de riz Converted à long grain non cuit
1 cuillère à table de beurre non salé
1 pincée de sel
2¼ tasses de lait condensé
1 boîte (400 ml - 14 onces) de crème de noix de coco
½ tasse de raisins dorés secs
3 jaunes d'œuf, battus
Zeste frais de 2 limes
1 cuillère à thé de vanille
Noix de coco râpée, grillée (facultatif)

1. Mettez l'eau, le riz, le beurre et le sel dans une casserole moyenne. Amenez à ébullition à feu vif, en brassant fréquemment. Réduisez à feu doux. Couvrez et cuisez 10 à 12 minutes. Retirez du feu. Laisser reposer couvert pendant 5 minutes.

2. Pendant ce temps, vaporisez l'intérieur de la mijoteuse d'enduit à cuisson antiadhésif. Ajoutez le lait condensé, la crème de noix de coco, les raisins secs, les jaunes d'œuf, le zeste de lime et la vanille ; mélangez à fond. Ajoutez le riz cuit ; brassez jusqu'à ce que le mélange soit homogène.

3. Couvrez et cuisez 4 heures à faible intensité ou 2 heures à intensité élevée. Brassez toutes les 30 minutes, si possible. Le pouding épaissira quand il se refroidira. Garnissez de noix de coco râpée grillée, si désiré.

Donne 6 (¾ tasse) portions

Costarde à la patate douce du Sud des États-Unis

2 tasses de patates douces coupées, égouttées
1 boîte (340 g - 12 onces) de lait condensé, divisée
½ tasse de cassonade dorée, tassée
2 œufs, légèrement battus
1 cuillère à thé de cannelle moulue
½ cuillère à thé de gingembre moulu
¼ cuillère à thé de sel
Crème fouettée
Muscade moulue

1. Mettez les patates douces et ¼ tasse de lait dans un robot de cuisine ou un mélangeur ; réduisez en purée lisse. Ajoutez le reste du lait, la cassonade, les œufs, la cannelle, le gingembre et le sel ; actionnez l'appareil jusqu'à l'obtention d'un mélange homogène. Versez dans un moule à soufflé non graissé de 1 litre. Couvrez hermétiquement d'une feuille d'aluminium. Chiffonnez une grande feuille (environ 38 x 30 cm - 15 po x 12 po) d'aluminium ; placez-la au fond de la mijoteuse. Versez 2 tasses d'eau sur la feuille. Fabriquez des poignées d'aluminium (voir page 14) pour retirer aisément le moule à soufflé de la mijoteuse.

2. Insérez le moule dans la cocotte de la mijoteuse à l'aide des poignées d'aluminium ; repliez l'extrémité des poignées au-dessus du moule. Couvrez et cuisez 2½ à 3 heures à intensité élevée ou jusqu'à ce qu'une brochette piquée au centre en ressorte propre.

3. À l'aide des poignées d'aluminium, retirez le moule de la mijoteuse ; transférez sur une grille. Ôtez la feuille d'aluminium qui couvre le moule et laissez reposer 30 minutes. Garnissez de crème fouettée et de muscade.

Donne 6 portions

Régal génial aux pêches ▶

1 ⅓ tasse d'avoine à l'ancienne non cuite
1 tasse de sucre granulé
1 tasse de cassonade dorée tassée
⅔ de mélange à cuisson au babeurre
2 cuillères à thé de cannelle moulue
½ cuillère à thé de muscade moulue
900 g (2 livres) de pêches fraîches (environ 8 moyennes), tranchées

Combinez l'avoine, le sucre, la cassonade, le mélange au babeurre, la cannelle et la muscade dans un grand bol. Ajoutez-y les pêches en brassant jusqu'à l'obtention d'un mélange homogène. Mettez le mélange dans la mijoteuse. Couvrez et cuisez 4 à 6 heures à faible intensité.

Donne 8 à 12 portions

Poires pochées au coulis de framboises

4 tasses de cocktail de jus de canneberges et framboises
2 tasses de vin du Rhin ou de Riesling
¼ tasse de sucre
2 bâtonnets de cannelle, brisés en deux
4 à 5 poires fermes Bosc ou Anjou, pelées et le cœur enlevé
1 paquet (300 g - 10 onces) de framboises en sirop surgelées, décongelées
Baies fraîches

1. Combinez le jus, le vin, le sucre et les bâtonnets de cannelle dans la mijoteuse. Submergez les poires dans le mélange liquide. Couvrez et cuisez 3½ à 4 heures à faible intensité ou jusqu'à ce que les poires soient tendres. Retirez et jetez les bâtonnets de cannelle.

2. Réduisez les framboises en purée lisse dans un robot de cuisine ou un mélangeur ; tamisez, puis jetez les graines. À la cuillère, versez le coulis au fond des assiettes de service ; placez les poires sur le coulis. Garnissez de baies fraîches.

Donne 4 à 5 portions

Pouding aux croissants et au chocolat

1 ½ tasse de lait
3 œufs
½ tasse de sucre
¼ tasse de poudre de cacao non sucré
½ cuillère à thé de vanille
¼ cuillère à thé de sel
2 croissants nature, coupés en morceaux de 2,5 cm (1 po)
½ tasse de pépites de chocolat
Crème fouettée

1. Fouettez le lait, les œufs, le sucre, le cacao, la vanille et le sel dans un bol moyen.

2. Graissez une marmite de 1 litre. Étalez une couche de la moitié des croissants, de la moitié des pépites de chocolat et de la moitié du mélange aux œufs. Étalez une deuxième couche avec ce qui reste des croissants, des pépites de chocolat et du mélange aux œufs.

3. Placez le support dans une mijoteuse de 5,7 litres (5 pintes) ; versez une tasse d'eau. Placez la marmite sur le support. Couvrez et cuisez 3 à 4 heures à faible intensité. Retirez la marmite de la mijoteuse. Servez chaud avec de la crème fouettée.

Donne 6 portions

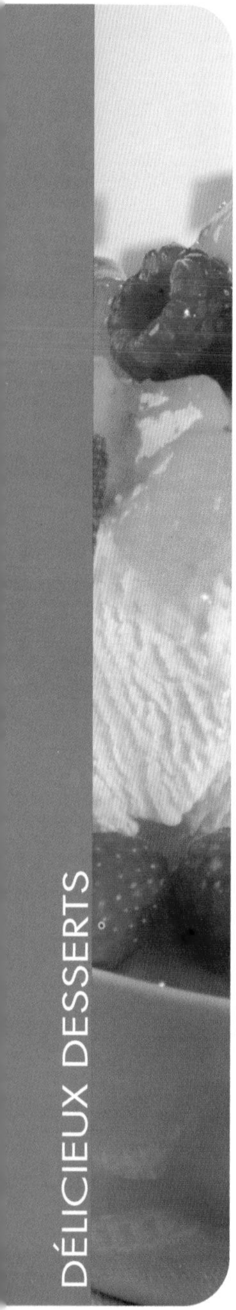

Flan aux cerises

5 œufs
½ tasse de sucre
½ cuillère à thé de sel
¾ tasse de farine tout-usage
1 boîte (340 ml - 12 onces) de lait condensé
1 cuillère à thé de vanille
2 tasses de cerises noires sucrées dénoyautées surgelées, décongelées
Crème fouettée sucrée ou crème glacée à la vanille et aux cerises

1. Graissez l'intérieur de la cocotte de la mijoteuse.

2. À l'aide d'un mixeur électrique, fouettez à haute vitesse les œufs, le sucre et le sel dans un grand bol jusqu'à l'obtention d'un mélange épais et de couleur pâle. Ajoutez la farine ; fouettez jusqu'à ce que le mélange soit lisse. Fouettez le lait condensé et la vanille.

3. Versez le mélange dans la cocotte de la mijoteuse déjà graissée. Distribuez les cerises uniformément à la surface du mélange. Couvrez et cuisez 3½ à 4 heures à faible intensité ou jusqu'à ce que le flan ait pris. Servez chaud avec de la crème fouettée.

Donne 6 portions

Suggestions de présentation : servez ce dessert chaud et couronnez-le de crème fouettée ou de crème glacée. Garnissez de cerises et de feuilles de menthe.

Temps de préparation : 10 minutes
Temps de cuisson : 3½ à 4 heures

Succulent pouding au pain et aux pacanes

3 tasses de cubes de pain croûté rassis d'un jour
3 cuillères à table de pacanes hachées, grillées
2¼ tasses de lait partiellement écrémé (1 %)
2 œufs, battus
½ tasse de sucre
1 cuillère à thé de vanille
¾ cuillère à thé de cannelle moulue, divisée
¾ tasse de cocktail au jus de canneberges à teneur réduite de calories
1 ½ tasse de cerises surettes dénoyautées surgelées
2 cuillères à table de substitut de sucre

1. Mêlez les cubes de pain et les pacanes dans un moule à soufflé. Combinez le lait, les œufs, le sucre, la vanille et ½ cuillère à thé de cannelle dans un grand bol. Versez sur le mélange de pain dans le moule à soufflé. Couvrez hermétiquement d'une feuille d'aluminium. Fabriquez des poignées en aluminium (voir à la page 14) pour retirer aisément le moule à soufflé de la mijoteuse. Insérez le moule à soufflé dans la cocotte. Versez de l'eau chaude dans la mijoteuse jusqu'à environ 4 cm (1 ½ po) du bord supérieur du moule à soufflé. Couvrez et cuisez 2 à 3 heures à faible intensité.

2. Pendant ce temps, combinez le jus de canneberges et ¼ de cuillère à thé de cannelle dans une petite casserole ; ajoutez les cerises surgelées en brassant. Amenez à ébullition à feu moyen ; cuisez environ 5 minutes. Retirez du feu. Ajoutez-y le substitut de sucre.

3. Retirez le moule à soufflé de la mijoteuse à l'aide des poignées d'aluminium. Servez le pouding au pain avec la sauce aux cerises.

Donne 6 portions

Tableau de conversion métrique

MESURES DE VOLUME (sec)

⅛ cuillère à thé = 0,5 ml
¼ cuillère à thé = 1 ml
½ cuillère à thé = 2 ml
1 cuillère à thé = 5 ml
1 cuillère à table = 15 ml
2 cuillères à table = 30 ml
¼ tasse = 60 ml
⅓ tasse = 75 ml
½ tasse = 125 ml
⅔ tasse = 150 ml
¾ tasse = 175 ml
1 tasse = 250 ml
2 tasses = 1 chopine = 500 ml
3 tasses = 750 ml
4 tasses = 1 pinte = 1 l

MESURES DE VOLUME (liquide)

1 once liquide (2 cuillères à table) = 30 ml
4 onces liquides (½ tasse) = 125 ml
8 onces liquides (1 tasse) = 250 ml
12 onces liquides (1,5 tasse) = 375 ml
16 onces liquides (2 tasses) = 500 ml

POIDS (masse)

½ once = 15 g
1 once = 30 g
3 onces = 90 g
4 onces = 120 g
8 onces = 225 g
10 onces = 285 g
12 onces = 360 g
16 onces = 1 livre = 450 g

DIMENSIONS

1/16 po = 2 mm
⅛ po = 3 mm
¼ po = 6 mm
½ po = 1,5 cm
¾ po = 2 cm
1 po = 2,5 cm

TEMPÉRATURES DU FOUR

250°F = 120°C
275°F = 140°C
300°F = 150°C
325°F = 160°C
350°F = 180°C
375°F = 190°C
400°F = 200°C
425°F = 220°C
450°F = 230°C

DIMENSIONS PLATS DE CUISSON

Ustensiles	Dimensions en pouces/litres	Volumes métrique	Dimensions en centimètres
Plaque à pâtisserie ou moule à gâteau (carré ou rectangulaire)	8 x 8 x 2	2 l	20 x 20 x 5
	9 x 9 x 2	2,5 l	23 x 23 x 5
	12 x 8 x 2	3 l	30 x 20 x 5
	13 x 9 x 2	3,5 l	33 x 23 x 5
Moule à pain	8 x 4 x 3	1,5 l	20 x 10 x 7
	9 x 5 x 3	2 l	23 x 13 x 7
Moule à gâteau rond	8 x 1½	1,2 l	20 x 4
	9 x 1½	1,5 l	23 x 4
Moule à tarte	8 x 1¼	750 ml	20 x 3
	9 x 1¼	1 l	23 x 3
Marmite ou cocotte	1 pinte	1 l	-
	1½ pinte	1,5 l	-
	2 pintes	2 l	-

Index